KB135603

설렁설렁 스포츠

국립중앙도서관출판도서목록(CIP)

설렁설렁 스포츠 / 지은이: 기영노. — 서울 : 시간의물레,
2014
    p. ;   cm

ISBN 978-89-6511-081-1 03690 : ₩13000

스포츠[sports]

692.04-KDC5
796.02-DDC21   CIP2014000462

설렁설렁 스포츠

기영노 지음

시간의 물레

머리말

무하마드 알 리가 거기 있었다.

중병에 걸린 듯한 초췌한 모습, 시종일관 떨리는 왼손 그리고 자신의 한 몸조차 가누지도 못하는 두 다리와 두 손을 모아 힘들게 성화대에 불을 붙이는 그의 모습에서 지구상에 복싱이 생긴 이후 가장 위대한 복서, 아니 지구촌에 스포츠가 시작된 이래 가장 운동능력이 뛰어난 선수의 모습은 털끝만큼도 찾아볼 수가 없었다.

1996년 애틀랜타 올림픽 개막식 직전까지 극비에 부쳐졌던 성화 최종 점화자로 파킨스씨병에 시달리고 있는 알 리가 모습을 드러내자 8만여 관람객은 물론 TV로 개막식을 지켜보던 수억 명의 전 세계 시청자들은 놀라움을 금치 못하면서도 엄청난 감동을 받았다.

1970년 방콕아시안게임, 한국 대표선수단의 금메달 예상선수에 수영의 조오련 선수는 없었다. 그러나 조오련은 남자 자유형 1,500m에서 세계수영 왕국을 자처하는 일본 선수를

설렁설렁 스포츠

꺾고 금메달을 따내더니 내친김에 400m까지 석권했다. 더욱 사람들을 놀라게 한 것은 언제 준비를 했는지, 한산 모시로 산뜻하게 지은 한복을 몸에 걸치고 태극마크가 선명한 천을 머리에 두른 채 당당하게 금메달 시상대에 올라 많은 사람들의 시선을 끈 쇼맨십을 선보였다.

1896년 아테네 올림픽에서 처음으로 마라톤 경기가 벌어진 이후 가장 감동적인 레이스는 마라톤 선수가 아닌 18살의 암환자 캐나다 소년 테리 폭스의 '죽음의 레이스'였다. 암으로 18살 때 오른쪽 다리 절단 수술을 받은 폭스는 투병 중 암환자들의 고통을 깨닫고 암 퇴치를 위한 모금 운동을 결심한다. 1980년 4월 마침내 마라톤은 시작되었고, 그는 한쪽 다리와 의족으로 캐나다 동부 끝의 뉴펀들랜드 주 세인트존스를 출발해 6개주를 통과하며 캐나다 대륙 3분의 2를 달리는 기적을 이루어 냈다.

그러나 144일째 되던 날 암이 폐로 전이되면서 레이스는 중단되었고 그는 6개월 뒤 세상을 떠났지만, 폭스의 뜻은 세계로 퍼져나가 60개국 이상에서 매년 9월에 '테리 폭스 희망의 달리기' 행사가 열리고 있다.

스포츠는 이같이 경기장 안에서 뿐만 아니라 경기장 밖에서도 수많은 감동을 만들어 내고 있다.

'설렁설렁 스포츠'는 스포츠계의 정설과 야사를 형식에 얽매이지 않고 가벼운 마음으로 풀어서 썼지만, 읽어 나가다 보면 스포츠 세계에서 느꼈던 것과는 다른 짜릿한 감동을 맛보게 될 것이다.

저자 기영노

목   차

설렁설렁 스포츠

설렁설렁 스포츠

1장.

괴짜 선수들

김연아도 벗어야 통과한다

88서울 올림픽이 한창 무르익어 가던 1988년 9월 27일 각 조간신문은 '캐나다의 벤 존슨 약물복용, 금메달 박탈'이라는 제목으로 기사를 실어 세계를 깜짝 놀라게 했다.

불과 3일 전인 9월 24일 '올림픽의 꽃' 남자육상 100m에서 9초 78의 세계신기록을 세우며 라이벌 미국의 칼 루이스(9초92)를 제압하고 올림픽 금메달을 획득하여, 스포츠 영웅으로 떠오른 선수가 이제 희대의 사기꾼으로 전락하게 된 것이다.

처음 벤 존슨은 자신의 약물 복용을 완강하게 부인했다.

선수의 약물 복용 여부는 국제올림픽 위원회(IOC)의 의무위원과 선수 본인, 해당 선수 나라의 단장, 그리고 해당 선수 나라의 의사가 대질 신문을 하여 최종적으로 결정한다.

벤 존슨은 대질 신문에서 "나는 경기 직전 자메이카 제품인 음료수를 복용했는데, 출발하기 직전 음료수를 먹으려는데, 옷을 넣어둔 바구니가 처음 두었던 자리에서 이동되어 있었다. 누군가 그 음료수에 약물을 주입한 것 같다. 또한, 내가 도핑 테스트를 위해 소변을 채취하려고 방에 있을 때, 방 밖에 관계자가 아닌 외국인이 왔다 갔다고 하더라, 그 사람이 내 소변에 약물을 투입했을지도 모르지 않느냐?"며 2시간 이상 자신의 약물복용에 대해 부인을 했다.

그러나 한국의 박종세 박사가 약물검사 결과를 캐나다 의사에게 제시하면서 "당신은 도핑 테스트의 권위자가 아니요. 이것이 어떻게 24시간 이내에 복용한 페탄이요. 이 페탄은 적어도 보름 전에 복용한 것을 증명하고 있잖소."라며 보여주자, 캐나다 의사는 그래프를 검토한 끝에 벤 존슨의 어깨를 탁 치며 데리고 나갔고, 벤 존슨은 이튿날 캐나다로 떠났다.

이후 1989년 6월 13일 캐나다 토론토에서 열린 캐나다 정부 특별조사 위원회 공청회에서 '벤 존슨은 88올림픽이 열리기 8년 전인 1980년부터 약물을 복용해 왔음을 프란시스 트레이너와 담당의사인 스테파니 박사도 증명했고, 벤 존슨은(트레이너와 의사가) 당시 그 약물의 부작용이 얼마나 나쁜지 자신에게 설명해 주지 않았다는 것만을 변명함으로써 벤 존슨의 약물소동은 일단락되었다.

올림픽 기간에 육상 영웅 칼 루이스와의 세기의 대결에서 승리한 벤 존슨이 약물복용으로 올림픽 금메달이 박탈

됨으로써 세계스포츠계의 '약물 파문'은 걷잡을 수 없이 퍼져 나갔다.

물론 그로부터 20년 전인 1968년 멕시코올림픽에서 처음 약물복용으로 인해 선수자격이 박탈된 선수가 있었고, 이후 72년 뮌헨올림픽에서는 7명, 76년 몬트리올 올림픽 11명 84년 LA 올림픽 12명 등 약물복용으로 패가망신한 선수가 나오기는 했었지만, 벤 존슨의 몰락은 라이벌 칼 루이스를 꺾고 금메달을 딴 직후라 그 파장은 가히 핵 폭탄급이었다.

이제 선수와 약물테스트는 떼래야 뗄 수 없게 되었다.

올림픽, 월드컵, 아시안게임 심지어 국내 프로스포츠까지 대회가 시작되기 전이나, 끝난 직후 또는 프로리그 도중에 수시로 선수들은 약물 검사를 받는다. 약물 검사에는 막대한 비용과 시간이 들기 때문에 모든 선수가 하는 게 아니라 무작위로 한다.

예를 들면 축구팀의 경우 23명의 출전 선수 가운데 한두 명을 지명해서 한다. 그러나 메달을 딴 선수는 거의 예외 없이 약물검사를 받는다고 보면 된다.

이에는 슈퍼스타나, 여자 선수라도 예외가 없다.

김연아, 엘레나 이신바예바, 박태환, 마이클 펠프스, 마리아 샤라포바, 우사인 볼트 등등

도핑을 검사하는 사람을 도핑검사관이라고 부르는데, 국

내 대회만을 담당하는 국내도핑검사관(DCO)과 올림픽 아시안게임 월드컵 같은 국제대회도 검사를 할 수 있는 국제도핑검사관(IDCO)으로 나뉜다. 당연히 남자선수는 남자검사관이 여자선수는 여자검사관이 검사한다.

남녀선수가 소변을 보는 곳까지 따라 붙어 부정행위를 하지 못하도록 검사동반인이 따라붙는데 이를 샤프롱(Chaperone)이라고 한다. 경우에 따라서는 도핑검사관이 직접 따라 붙기도 한다.

여자선수를 검사하는 여자 국제도핑검사관은 여자선수의 속옷까지 벗도록 해서 자신이 보는 앞에서 준비된 용기에 소변을 받도록 한다.

여자도핑검사관이 남자도핑검사관보다 하나 더 검사해야 하는 것은 여자선수의 은밀한 부위 근처에 수술부위가 있나 없나를 확인하는 것이다.

혹시 남성을 거세한 흔적을 찾는 것이다.

대개의 선수는 경기를 치르느라 몸에 있는 수분이 땀으로 다 빠져나왔기 때문에 쉽게 소변을 누지 못한다. 빨라야 1~20분 늦으면 2~3시간도 기다리는 경우가 있다.

국제적인 반도핑기구로는 세계반도핑기구(World Anti-Doping Agency, WADA)가 있고, 국내에는 한국도핑방지위원회(KOREA Anti-Doping AgencyKADA)가 있다.

세계반도핑기구는 각종 국제대회에 참가하는 선수들이 경기능력의 일시적 향상을 위해서 호르몬제와 신경안정제 같은 약물 복용이 만연하게 된 것을, 규제하고 관리하기 위하여 국제올림픽위원회 즉, IOC에서 1999년 11월 10일 스위스로잔에서 창설하였다.

　2003년 금지약물 리스트를 포함한 반도핑 규약을 제정하여, 하계 및 동계올림픽을 비롯한 주요 국제대회에 참가하는 선수들을 대상으로 무작위 도핑테스트를 실시하였다.

　이 도핑테스트에서 금지약물 복용이 확인된 선수는 종목과 관계없이 2년간 출전이 금지되며, 두 번 발각시 영구적으로 제명된다.

　도핑테스트를 철저하게 할수록, 이를 빠져나가기 위한 선수들의 술법도 교묘해지고 있다. 가루약을 넣어 소변을 희석하는 선수가 있는가 하면, 항문 속에 정상적인 사람의 소변을 넣은 풍선을 넣고 튜브로 연결해서 자신의 소변인 양 받는 척하다가 걸린 선수도 있다.

박태환의 경우

세계반도핑기구(WADA)에서 주관하는 도핑테스트는 선수의 시료를 채취한 이후 해당(대회가 열리는)국가의 과학기술원에 보내 분석을 진행한다.(수시로 검사하기도 한다) 음성으로 밝혀질 경우 경기가 끝난 이후 결과물을 해당 국가에 보낸다. 하지만 양성 반응이 나올 경우, 타당성 재검토 후, 해당 선수를 불러 심문한다.

이어서 "해당 선수가 분석 결과를 받아들이지 않는다면, 다른 샘플(B샘플)로 재검사를 실시한다. 단, 검사는 자비로 해야 한다. 검사비는 500달러(약 52만 원) 정도다. 그 선수는 B샘플의 검사 결과가 나올 때까지 경기에 나설 수 없다.

만약 B샘플에도 양성 반응이 나오면 메달을 회수하거나, 성적을 제거하게 된다. 이후 해당 종목의 국제연맹에 자료를 보내면, 해당 단체에서 자격 박탈 등에 대해 논의(청문회)를 하게 된다. 단, 단체전의 경우에는 적용이 다르다. 특정 선수로 인해 전체 팀이 피해를 보지 않도록 팀 성적은 그대로 유지된다. 개인전(혹은 복식이나 릴레이 경기)에 한해서만 실격과 메달 박탈 등의 징계가 들어간다.

도핑에 대해 3가지 부류가 있다. 무지해서 약물을 사용한 경우가 있고, 치료목적으로 사용할 수도 있고, 선수는 모르지만 코치나 관계자들이 복용하도록 한 경우가 있다. 그리고

의도적으로 약물에 대해서 공부하고 복용한 경우가 있다.

　박태환의 경우 첫 번째의 경우에 해당돼서 국제수영연맹으로부터 1년 6개월의 출전정지를 받았다.

　O. 세계반도핑기구 즉 WADA는 World Anti-Doping Agency의 약자로 1999년 11월에 설립되었다.

생리 현상은 경기 도중이라도 못 참아

사람이 가장 참기 어려운 일 가운데 하나가 배변을 느낄 때일 것이다. 안에서는 꾸덕꾸덕 마구 밀려 나오는데 주변에 화장실이 없거나, 화장실에 갈 여건이 안 될 때는 진땀이 난다. 아니 진땀이 나다 못해 이내 얼굴이 사색이 되고 만다. 그런데 스포츠맨이 경기를 하다가 공개된 장소인 경기장에서 변이 마려우면 어떻게 할까?

뭘 어떻게 하긴, 싸면 된다. 경기장에서 똥을 싼다는 것은 보통 일이 아니다. 망신도 그런 망신이 없다. 실제로 경기를 하다가 똥을 싸거나 지린 적이 있는 선수는 부지기수다. 다만 팬티나 겉옷 밖으로 나오지 않았을 뿐이다.

배변 때문에 곤욕을 치른 불멸의 스타플레이어가 있다. 미국의 프랭크 쇼터는 미국 마라톤 사상 가장 위대한 선수로 알려져 있다. 프랭크 쇼터는 1972년 뮌헨올림픽 남자 마라톤에서 2시간 12분 19초 8의 기록으로 벨기에의 카렐 리스몬트(2시간 14분 31초 8)와 1968년 멕시코올림픽 금메달리스트, 에티오피아의 마모 웰데(2시간 15분 08초 4)를 제치고 금메달을 차지했다. 또한, 4년 후에 열린 1976년 몬트리올 올림픽에서는 은메달을 차지했다. 몬트리올올림픽 직후 은퇴하고, 마라톤용품 사업으로 크게 성공했다.

프랭크 쇼터는 선수 시절, 평소 장이 좋지 않아서 고생하다가 일을 저질렀다. 1973년에 열린 일본 비와코마라톤 대회 도중 풀숲에서 볼일을 보고도 2시간 12분 3초로 우승을 차지했다. 볼일을 보는데 18초밖에 걸리지 않았다고 한다. 쇼터는 볼일을 보러 풀숲으로 들어갈 때 연도에 서 있는 어린이가 들고 있는 깃발을 하나 낚아챘는데, 그 깃발을 요긴하게 썼다고 한다. 만약 큰 볼일을 보지 않았다면 2시간 11분대를 기록했을 뿐만 아니라 더욱 여유 있게 1위를 할 수 있었을 것이다.

이후 쇼터는 풀코스경기를 앞두고 장에 탈이 나지 않도록 철저하게 음식을 조절해서 다시는 그 같은 실수를 저지르지 않았다고 한다.

프랭크 쇼터는 2004년 12월 7일 불우이웃 돕기 자선 행사의 일환으로 열린, 남산 5km 달리기에 초청되어 한국의 마라톤 영웅 이봉주와 함께 남산 길을 달리기도 했다. 은퇴후, 프랭크는 변호사로 일하며, 달리기 전문 칼럼니스트와 강연가로 활동하여 미국 전역에 마라톤 붐을 일으켰다. 쇼터의 마라톤 칼럼과 마라톤을 주제로 한 강연은 미국뿐만 아니라, 전 세계에서 인기를 끌며 그를 달리기 철학자로 만들었다.

1990년 이탈리아 월드컵은 독일(당시 서독)이 브라질에 이어 월드컵 사상 3번째 우승을 차지한 대회다. 당시 잉글랜드 대표팀 간판 골잡이였던, 게리 리네커가 1990년 6월 11일 세인트 엘리아 스타디움에서 열린 조별예선 F조 첫 경기 아일랜드전 시합 도중 변을 못 참아 그대로 그라운드에 변을 봤다고 한다.

게리 리네커는 그날따라 속이 좋지 않은 상황에서 경기하던 도중, 상대선수에게 무리한 태클을 하다가 대변을 그라운드에 누어 버렸다고 한다. 마침 야간 경기였고, 비가 온 상태라 유니폼이 더러워졌기 때문에 티가 나지 않았다고 한다. 리네커는 변을 본 후, 경기 중간에 그라운드에 자주 누워, 유니폼 하의를 문질러서 묻은 자국을 지우는 치밀한 방법으로 은폐했다고 한다. 또한, 개처럼 그라운드를 파서 묻어 버리는 행위까지 보였으나, 리네커의 이 같은 행동을 3만여 관중은 물론 기자들도 눈치 채지 못했다고 한다. 리네커는 그 경기에서 전반 8분에 선제골을 터트렸고, 아일랜드의 쉬디 선수에게 동점골을 언어맞아 비겼다. 리네커의 잉글랜드는 F조에서 1승 2무로 네덜란드, 아일랜드와 함께 16강전에 진출해서 벨기에를 1대 0으로 꺾고 8강에 올랐다. 8강전에서는 전 대회 우승팀 아르헨티나를 개막전에서 1대 0으로 꺾으며 '아프리카 돌풍'을 일으켰던 카메룬을 3대 2로 제압하고 4강전에 진출했다. 리네커는 이 경기에서 두 번의 페널티 킥을 모두 성공했다. 그러나 준결승전에서 서독과 1대 1로 비긴 후, 연장전까지도 승부가 나지 않아 승부차기에서 패하고 말았다. 이 경기에서도 리네커의 활약이 돋보였는데, 리네커는 잉글랜드가 0대 1로 뒤져 패색이 짙던 후반 35분에 동점 골을 넣어 승부를 연장전으로 몰고 갔다. 리네커가 똥을 싸면서 넣은 4골은 이탈리아의 스킬라치(6골), 체코슬라비아의 스쿠라비(5골)에 이은 득점 3위에 해당되는 기록이었다.

리네커는 4년 전에 열린 1986년 멕시코월드컵에서 6골로 득점왕을 차지했는데, 만약 잉글랜드가 8강에서 탈락하지 않았다면, 더욱 많은 골을 넣을 뻔했다. 리네커는 월드컵 본선에서 모두 10골을 넣은 잉글랜드 축구사상 최고의 득점 기계였다. 또한, 악동으로 유명했던 리네커는 월드컵 본선 10골을 포함, A매치 80경기에 출전해서 48골을 터트렸다. 경기당 0.6골을 높은 득점력이었다.

거인 선수들

　3m 5cm의 바스켓에 공을 집어넣는 농구, 2m 43cm의 네트 위로 강력한 스파이크를 퍼부어야 하는 배구는 말할 것도 없고, 야구·축구·미식축구 등에서도 장신 선수는 쓰임새가 많다. 축구의 경우 골키퍼나 타깃 맨은 키가 크면 매우 유리하고, 야구도 투수와 1루수는 키가 크면 좋다.

　복싱, 레슬링 등 개인 종목도 상상을 초월할 정도로 키가 큰 선수들이 많다. 그렇다면 국내외 스포츠에서 가장 키가 컸던 선수는 누구일까?

　모든 종목을 통틀어 가장 키가 컸던 선수는 수단의 농구선수 하산이다. 하산의 키는 2m 62cm로 사우디아라비아에서 열린 제28회 국제군인농구선수권대회에서 수단 대표로 출전해 미국, 한국 등에 이어 5위를 차지했다. 하산의 키는 그전까지 최장신이었던 중국의 무티에추의 2m 38cm보다 무려 24cm나 더 크다. 1970~80년대 세계 최장신 센터로 활약했던 무티에추 선수는 키가 2m 38cm다. 당시 미국 남자

프로농구 NBA 각 팀 센터들의 평균 신장이 2m 10cm 안팎이었고, 국내 센터들은 고 김영일(1m 88cm), 박한(1m 90cm) 그리고 신선우(1m 88cm) 등이 활약할 때였기 때문에 무티에추의 존재는 공포 그 자체였다. 특히 1979년 아시아 남자농구 선수권대회에서는 무티에추를 막기 위해서 조동우(1m 97cm)와 신선우, 그리고 임정명(1m 90cm) 3명이나 동원되었다. 그나마 일본에서는 농구 사상 가장 키가 컸던 2m 28cm의 오카야마 선수가 있어서 무티에추를 막을 수 있었다.

북한에는 1990년대 2m 32cm의 이명훈이라는 거인이 나타나 한 때 NBA 진출을 모색하기도 했다.

한국 프로농구에는 하씨 남매가 가장 크다. 남자 프로농구 전주 KCC의 하승진(2m 21cm)과 여자 프로농구 신한은행의 하은주(2m 2cm) 남매의 아버지 하동기(2m 5cm)씨는 국가대표 농구선수 출신이다.

여자 선수로는 1960~70년대 구소련의 센터로 활약했던 세묘노바 선수가 가장 키가 컸는데, 2m 15cm의 거구였다. 세묘노바 선수는 1967년 체코 세계여자농구선수권대회 때 한국의 센터 박신자(1m 76cm)와 맞붙은 적이 있다. 세묘노바가 박신자보다 무려 39cm나 더 커서 둘이 나란히 서 있으면 마치 대학생과 초등학생 같았다.

인하대학교 배구팀의 센터 김은섭은 키 2m 11cm, 체중

설렁설렁 스포츠

100kg의 한국 배구 사상 가장 키가 컸다. 김은섭은 선 채로 팔을 뻗어도 손끝이 배구 네트 위로 30㎝ 더 올라간다. 점프하지 않고 상대 공격을 가로막을 수 있는 높이다. 스파이크 할 때, 타점이 3m 40cm에 이른다고 한다. 김은섭은 부천 소사중 1학년 때 배구를 시작했다. 초등학교 6학년 때 길에서 우연히 그를 만난 김서규 감독이 키 1m 78cm이던 김은섭을 스카우트했다. 2006년 영생고에 입학할 무렵에 1m 97cm가 됐고, 그 후 2년 사이 14cm 더 자랐다.

국제무대에는 러시아 국가대표 드미트리 무소스티 선수가 2m 17cm로 현역 선수 가운데 가장 크고, 한 때 프로배구 LIG팀에서 외국 용병 선수로 활약했던 카이반 다이크는 2m 15cm나 된다. 그러나 배구 역사상 가장 컸던 선수는 2m 21cm로 네덜란드의 로드 굴리트 선수다. 하지만 굴리트 선수가 국가대표로 활약한 기간은 6개월이 채 되지 않을 정도로 매우 짧았다.

축구에서 타깃 맨은 키가 큰 스트라이커를 말한다. 타깃 맨은 자신 스스로 골을 넣기도 하지만, 다른 공격수나 미드필더에게 헤딩이나 패스로 찬스를 만들어 주는 역할을 하기도 한다. 타깃 맨은 키가 큰 선수가 역할을 맡는 경우가 많은데, 역대 국가대표 축구선수 가운데 가장 키가 컸던 타깃 맨은 2006 독일월드컵 때 세르비아 몬테네그로의 니콜라 지기치, 체코 국가대표 얀 콜레르 등이다. 두 선수 모두 2m 2cm의 장신으로 웬만한 농구팀의 포드 역할을 맡을 만한 장신이다.

한국축구의 타깃 맨은 과거 김재한이 1m 90cm로 가장 컸고, 현재는 울산 현대의 김신욱 선수가 1m 96cm로 가장 큰 편이다.

테니스, 배드민턴, 탁구 같은 네트를 치고 경기하는 종목들은 서브로 시작되기 때문에 키가 큰 선수가 유리하다.

크로아티아의 베테랑 테니스 선수 이보 카를로비치 선수는 키가 무려 2m 8cm로 테니스뿐만 아니라 배드민턴, 탁구 등 네트 종목의 선수 가운데 가장 키가 크다. 카를로비치 선수는 장신에서 내리 꽂는 강서브와 강 스매싱이 주 무기이다.

야구는 투수 외에는 키가 커서 좋을 게 별로 없다. 타자의 경우 키가 크면 스트라이크 존만 넓어지고, 수비할 때 동작이 느리기 때문이다. 그러나 1루수의 경우 야수들이 던지는 공을 받아 주는 역할을 해야 하므로, 키가 크면 유리하다.

메이저리그 최장신 선수는 워싱턴 내셔널즈 투수 존 로치로 2m 11cm나 된다. 은퇴한 랜디 존슨(2m 8cm)보다 3cm

나 더 크다. 랜디 존슨은 키가 2m 8cm에, 왼손으로 던져서 303승을 달성했다. 타자들은 랜디 존슨이 마운드 위에서 공을 던지면 '마치 공을 2층에서 던지는 것 같다.'고 말하기도 했다.

한국 프로야구에는 두산 베어스의 장민익 투수의 키가 2m 7cm로 가장 키가 크다. 장민익의 키만 보면 랜디 존슨급이다. 장민익도 랜디 존슨과 마찬가지로 왼손 투수다. 장민익은 순천 효천고 시절 직구 스피드가 겨우 130km대 후반에 그칠 정도로 그저 그런 투수였다. 그러나 이제는 최고 시속 145km까지 던져 고등학교 때보다 시속 5km가량 늘었을 정도로 성장하고 있다. 장민익은 큰 키에 견줘 투구 밸런스와 메커니즘이 좋다는 평가를 받고 있어, 앞으로 체중만 더 불리면 매우 위력적인 공을 던질 수 있을 것 같다.

미국 미식축구 필라델피아 이글스의 리시버 헤럴드 카마이클은 키가 2cm 2cm로 현역선수 가운데 가장 크다. 그러나 미국 워싱턴 주 앨러스버그의 모건 중학교의 브랜드 애덤스는 15살 때 키가 무려 2m 27cm나 되었다. 포지션은 쿼터백이 던져주는 공을 잡아내는 와일드 리시버인데, 만약 브랜드 애덤스가 프로선수가 된다면 엄청난 화제를 모을 것 같다.

프로레슬러로는 자이언트 곤잘레스 선수가 키 2m 31cm,

체중 220kg으로 가장 체격이 컸는데, 2010년 당뇨병 후유증으로 사망했고, 프로복서로는 세계프로복싱 WBA 헤비급 챔피언이었던, 러시아의 니콜라이 발류에프의 키가 무려 2m 18cm나 되었다. 발류에프의 전적은 52전 50승(34KO) 1무 2패로 A급 챔피언이다. 발류에프는 체중도 157kg 나가 프로복싱 역사상 최고 중량이었다. 그러나 부인은 러시아 여성 치고는 아주 작은 체격(1m 57cm, 42kg)이다.

성깔 있는 심판

육상 출발이 점점 까다로워지고 있다.

2010년까지는 첫 번째 부정 출발을 한 선수는 봐 주고, 두 번째 부정 출발한 선수부터 실격을 선언했는데, 2011년부터는 첫 번째건, 두 번째건 부정 출발하면 무조건 실격 처리를 한다.

그러나 올림픽 초창기에는 아무리 부정 출발을 많이 해도 실격을 주지 않고 다시 경기를 속행했다.

1904세인트루이스 올림픽 남자 육상 200m 출발 심판은 '한 성질'하는 사람이었다.

주자들이 3번이나 출발 반칙을 범하자, 모든 선수에게 1m씩 뒤로 물러나서 출발하라고 명령했다.

결국, 1904세인트루이스 올림픽 남자육상 200m 종목은 없어지고, 201m 종목이 되었다.

금메달은 미국의 아치 한이 21초 06의 기록으로 차지했고, 은, 동메달은 각각 미국의 카트엘, 호겐손 선수가 목에 걸었다.

괴짜 선수들

2002 한일 월드컵에서 축구대표로 뽑혀, 대회가 열리는 일본(아일랜드는 일본에서 예선을 치렀다)에 왔다가 감독과 싸우고 대회가 시작되기 전, 자기나라로 돌아간 선수가 있었다.

아일랜드 월드컵대표팀의 로이 킨 선수다.

아일랜드의 로이 킨은 월드컵 본선에 출전하려고 일본까지 왔다가 멕커시 감독과 말다툼을 한 후 보따리를 싸서 곧바로 귀국했다. 월드컵 본선에서 뛸 기회를 소속팀 감독과 싸웠다는 이유로 헌 신짝처럼 차버린 것이다. 당시 잉글랜드 프리미어리그 맨체스터 유나이티드 주장으로 아마추어 복서 출신인 로이 킨은 승리를 위해서 같은 팀 선수라도 때릴 수 있는 선수라는 소리를 들을 정도로 좋게 보면 승부욕이 강하고, 다르게 말하면 '한 성질' 하는 선수였다. 로이 킨은 프리미어리그에서만 무려 10번 이상 퇴장을 당했는데, 그 가운데 한 번은 리즈 유나이티드의 알프 잉게 홀란드에게 보복을 한 사건이다. 1997년 알프 잉게 홀란드는 경기

도중 로이 킨의 머리를 잡아 뜯고, 발로 걷어차고, 무릎으로 찍어 큰 부상을 안겼다. 당시 로이 킨은 8개월 동안 재활해야 했을 정도로 치명적인 부상을 당했다. 그로부터 5년후 홀란드는 맨체스터 시티로 이적했다. 로이 킨은 맨체스터 더비(맨체스터 유나이티드 대 맨체스터 시티 전)에서 5년만에 홀란드 선수를 만나자 볼을 차는 척하면서 격투기 선수가 상대 선수를 가격 하듯이 공중으로 솟아올랐다가 무릎으로 찍어버렸다. 그리고는 주심이 레드카드를 꺼내기 전에 자신이 알아서 유유히 라커룸으로 사라졌다.

미국 남자프로농구 NBA 댈러스 매버릭스의 마크 큐반 구단주는 엄청난 농구광으로, 2000년 4월에 댈러스 매버릭스를 인수했다. 그런데 마크 큐반은 행동이 괴팍스러워 화제를 몰고 다닌다. 마크 큐반은 NBA 총재 데이비드 스턴한테 독설을 퍼붓기도 했고, 또한 댈러스 매버릭스 홈경기장을 찾은 전체 관중들에게 비행기 표를 쏘기도 했다. 큐반 구단주는 2010년 5월 19일 CNN 머니닷컴과 인터뷰에서 "어느 팀이나 (르브론) 제임스 영입에 관심이 있을 것이다. 그가 자유 계약으로 풀리면 우리가 데려오기는 쉽지 않겠지만, 그가 클리블랜드와 재계약하면 우리가 트레이드로 그를 영입할 기회가 생긴다."고 말해 규정을 위반했다. 마크 큐반은 사전 접촉금지 규정을 어긴 혐의로 NBA 사무국으로부터 벌금 10만 달러를 물어야 했다. 마크 큐반은 NBA 사무국에 20번 가까이 벌금을 물었는데, 그 총액이 30억 원에 이른다.

뉴욕 양키스의 스타인 브레너는 32년 동안 무려 14번이나 감독을 갈아 치워서 괴짜 구단주로 통했다. 특히 스타인 브레너 구단주와 빌리 마틴 감독의 결합 그리고 이별 또 재결합 스토리가 재미있다.

1975년 시즌 후반기 스타인 브레너는 빌리 마틴 감독에게 양키스 지휘봉을 맡겼다. 불같은 두 인물이 만났으니 화합이 잘될 리가 없었다. 빌리 마틴은 1976년부터 1978년까지 3년 연속으로 뉴욕 양키스를 월드시리즈에 진출시켰고, 그 가운데 두 번은 LA다저스를 꺾고 우승을 차지해 천재 감독으로서 명성을 이어갔는데도 두 사람의 불화는 끝이 없었다. 1978년에는 뉴욕 양키스가 월드시리즈에서 우승을 차지했는데도 빌리 마틴 감독은 우승의 감격을 누릴 수가 없었다. 시즌 중 뉴욕 양키스 간판 타자이던 레지 잭슨과 구단주 스타인 브레너와의 계속된 불화 끝에 감독직을 사퇴했기 때문이다.

당시 마틴 감독은 기자들에게 레지 잭슨은 거짓말쟁이이고, 스타인 브레너는 범죄자라는 독설을 퍼붓고 팀을 나왔다. 마틴 감독이 스타인 브레너를 범죄자라고 부른 것은 스타인 브레너가 1972년 리처드 닉슨에게 불법 기부로 기소된 사실을 상기한 것이다. 그러나 마틴 감독은 1979년 시즌 다시 양키스에 복귀했다가 시즌이 끝나자 또 해고되었고, 3년간 오클랜드 감독으로 외도한 후 1983년 다시 양키스 감독에 임명되었다. 이후 세 번을 더 해고된 끝에 1988년을 양키스 감독직을 마지막으로 더 이상 해고되지 않았다. 마틴과 스타인 브레너 두 사람이 다시는 한솥밥을 먹지 않았기 때문이다.

최후의 1인

　대한체육회는 2010년 2월에 가맹단체로 된 바둑을 포함하여 모두 55개 종목이 가입되어 있다. 55개 종목 가운데는 육상, 수영, 역도 등 개인 종목도 있고 축구, 농구, 배구, 야구 등 단체 구기 종목도 있는데, 구기 종목 가운데서도 골키퍼를 두고 있는 종목은 축구, 필드하키, 핸드볼, 수구 등 4개의 하계종목과 동계종목인 아이스하키 등 5개 종목이다.

　각 종목 골키퍼는 '잘해야 본전'이라는 말처럼 득점을 올릴 수 없는 포지션이기 때문에 다른 포지션 보다 책임감이 막중하고, 실수가 곧 실점으로 연결되기 때문에 스트레스를 많이 받는다.

　축구 골대는 가로 7m 32cm, 세로 2m 44cm로 구기 종목 가운데 가장 골문이 넓다. 그 골문 안에 최대 시속 130km가 넘는 속도로 날아오는 공을 몸으로 막아내야 하므로 빠른 판단력과 순발력이 필요하다.

　또한, 상대 공격수와 1대 1이 되었을 때, 언제 뛰어 나갈 것인지, 각도를 어떻게 좁힐 것인지 판단해야 하고, 프리킥이나 코너킥 상황에서 공을 잡을 것인지 쳐낼 것인지도 수시로 판단을 해야 한다. 그리고 현대 축구에서는 골키퍼가 수비 진영까지 리드하는 카리스마도 갖고 있어야 한다. 골키퍼는 키는 클수록 좋지만, 키가 크면 공중 볼 처리는 쉽지만, 그 대신 땅볼에 약하게 마련이다. 따라서 골키퍼는 1m 90cm 안팎의 키(여자 골키퍼는 1m 80cm)에 동물적인 판단력과 순발력을 보유하면 금상첨화인데, 이제까지 최고의 골키퍼는 소련 출신의 '야신' 선수다.

현역시절 거미손이라고 불렸던 '야신'은 골키퍼가 갖출 수 있는 모든 것을 갖추었다는 평가를 받았고, 그의 업적을 기리기 위해 1994년 미국월드컵부터 최고의 골키퍼에게 '야신상'을 수여하고 있다. 그리고 2010년 남아공월드컵부터 골든 글러브 상으로 바뀌었다.

핸드볼 골대는 높이 2m, 넓이 3m로 축구 골대보다 훨씬 작지만, 상대 슈팅이 6m 안쪽에서 온몸을 날리면서 던지므로 막기가 어렵다. 그리고 몸에 보호 장구 없이 상대 선수가 던지는 공을 온몸, 심지어 얼굴로 막아야 하므로 몸이 성할 날이 없다. 핸드볼 골키퍼가 가장 막기 어려운 코스는 얼굴 정면으로 날아오는 슛이다. 피하자니 골이 될 것 같고, 막자니 얼굴이 만신창이가 될 게 뻔하고......

골키퍼가 선방할 경우 상대팀 선수들이 일부러 골키퍼 얼굴에 공을 던져서 기를 죽여 놓는 경우도 비일비재해, 핸드볼 골키퍼는 적어도 2경기에 한 번은 얼굴에 공을 얻어맞으며 나뒹굴어야 한다.

축구는 한 경기당 한두 골을 허용하면 패하지만, 핸드볼은 설사 30골을 먹더라도 이기는 경우가 허다하므로 골을 허용하는 것에 익숙해진다.

수구 골키퍼는 가로 3m, 수면에서 0.9m의 골대 앞에서 오로지 골키퍼라는 뜻의 1번이 새겨진 빨간 모자를 쓰고 1.8m의 깊이 수영장에서 늘 떠 있어야 한다.

수구는 가로 20m, 세로 30m의 경기장을 7분씩 4피리어드로 총경기 시간은 28분으로 5종목 가운데 가장 짧지만, 28분 내내 물 위에서 격렬하게 움직여야 하므로 엄청난 체력이 요구된다.

수구는 골키퍼 보호구역인 골라인이 없으므로 바로 눈앞에서 던지는 둘레 70cm 안팎, 무게 400~450g의 수구 공을 온몸으로 막아내야 한다.

아이스하키와 필드하키는 일단 보호 장구와의 싸움에서 이겨야 한다. 아이스하키는 팬츠, 스케이트, 레그, 패드, 가슴보호대, 글러브, 방패, 스틱, 마스크 그리고 국부보호대까지 착용하면 무게만 20kg 안팎이 된다. 보호 장구를 다 착용하는 데는 보통 15분 이상이 걸리고, 필드하키 골키퍼는 아이스하키의 절반인 8~9kg 정도의 보호 장구를 갖추고 경기를 해야 한다.

아이스하키 골대는 높이 1.22m, 너비 1.83m, 필드하키 골대는 넓이 3.66m, 높이 2.14m로 아이스하키 골대가 더 작지만, 퍽(공)의 스피드가 훨씬 빨라서 두 종목 골키퍼의 고충은 비슷하다고 볼 수 있다. 아이스하키나 필드하키는 골이 많이 나지 않는 경기이기 때문에 골을 허용하면 곧바로 패배로 연결되어 골키퍼의 스트레스가 이만저만이 아니다.

두 종목 모두 수비수를 따로 두고 있지만, 설사 수비수가 잘못되어 점수를 허용하더라도, 최종 책임은 골키퍼가 져야 한다. 더구나 슈팅 된 공(아이스하키는 퍽이라고 함)의 스피드가 아이스하키는 최고 250km까지 나올 정도로 빨라서 골키퍼의 동물적인 감각이 요구된다. 또한, 아이스하키 골키퍼는 5종목 가운데 유일하게 '골 리(Goalie)'라고 부르는데, 그저 골키퍼를 구어체로 부르는 것일 뿐 별다른 뜻은 없다.

모든 종목의 골키퍼는 1명이다. 따라서 팀마다 포지션 경쟁이 치열하다. 그 팀에 골키퍼가 4명 있는 팀은 주전 경쟁이 4대 1이고, 5명이면 5대 1이다.

감독은 매 경기 가장 안정감이 있는 골키퍼를 중용(重用)

하는 경향이 있기 때문에 후보 골키퍼들은 출전기회를 잡기 어렵다. 골키퍼는 스포츠 가운데서도 3D 종목에 들어가지만, 골이나 마찬가지인 공을 동물적인 감각으로 잡거나, 0대 0이나 백중의 경기에서 골키퍼의 환상적인 방어로 승리를 거둘 때의 기분은 골키퍼만이 느낄 수 있는 쾌감이라고 할 수 있다.

스포츠계의 금기(禁忌)

야구나 아이스하키에는 '벤치 클리어링'이 있다.

경기하는 도중에 그라운드나 아이스링크 위에서 두 팀 선수들이 맞붙어 싸울 때, 벤치나 덕 아웃 또는 불펜에 남아있던 선수들이 그라운드나 링크로 달려 나가 싸움에 가담하는 것을 말한다. 이때 싸움에 가담하지 않고 벤치나 덕 아웃 또는 불펜에 그대로 남아있는 선수는 팀으로부터 페널티를 받는 경우가 많다.

그러나 벤치 클리어링을 할 때도 금기(禁忌)가 있다.

야구선수는 배트, 아이스하키 선수는 스틱을 가지고 나가서는 안 된다. 야구선수나 아이스하키 선수에게 배트나 스틱은 살인 무기나 마찬가지다. 따라서 절대로 배트나 스틱을 가지고 나가서는 안 된다. 만약 가지고 나가는 선수가 있다면 그건 벤치 클리어링이 아니라 고의적으로 살인 무기를 든 것으로 간주해 형사처벌을 받을 가능성이 높다.

이같이 스포츠에는 금기가 많다.

야구에서는 상대팀이 10대 0 또는 13대 1 등으로 크게 리드를 당하고 있을 때, 도루나 번트를 하는 것을 금기시하고 있다.

이미 승부가 기울어졌는데, 더 점수를 많이 내기 위한 작전을 펴는 것을 비신사적인 행위로 보는 것이다. 만약 상대팀이 그 같은 비신사적인 행위를 할 때, 상대팀에서는 빈볼로 복수를 하곤 한다.

야구선수들은 경기 전에 국수나 샌드위치 등 가벼운 음식을 먹는 게 보통인데, 절대로 먹지 않는 음식이 있다. 달걀이다. 알을 깐다(수비에러)고 해서 오래전부터 달걀은 금기 식품으로 되어 있다.

농구에서도 점수 차이가 크게 나면 많은 점수를 리드 당한 팀에서 주전급 선수들을 빼고 후보 선수들을 대거 투입한다. 이때 리드를 하고 있는 팀은 상대팀의 항복의사를 받아들여 역시 주전급 선수들을 빼고 경기를 하는 게 예의다. 만약 이때도 점수 차를 더 벌리기 위해서 주전급 선수들을 그대로 놔두면 다음 경기에서 보복을 당할 가능성이 많다.

축구에도 금기가 있다. 축구에서 가장 극적인 순간은 역시 골이 나는 순간이다. 골을 터트린 선수의 순간적인 쾌락은 흔히 골 세러모니로 표출된다.

만약 A팀 홈구장에서 경기할 때, A팀에서 B팀으로 트레이드되어 간 C선수가 A팀을 상대로 골을 터트린다면 골 세러모니를 하지 않는 것이 불문율이다. 그러나 C선수가 A팀으로부터 버림을 받은 경우라면 문제가 달라진다. 그럴 경우에는 그 어떤 골 세러모니 보다 더 화려한 세러모니로 자신을 버린 팀의 홈 관중들을 향해 복수의 제스처를 해도 상관이 없을 것이다.

복싱이나 야구 투수들은 팔씨름을 하지 않는다. 복싱이나 투수들은 팔을 뻗는 스포츠인데, 팔씨름은 팔을 옆으로 기울여야 한다. 따라서 복싱선수나 투수가 팔씨름을 하게 되면 평소 사용하지 않는 근육을 쓰게 되어 팔을 다칠 가능성이 있고, 또 복싱 선수들은 팔씨름에 약할 수밖에 없다.

1974년 테헤란 아시안게임에는 마라톤 우승자가 없었다. 이란이 마라톤을 아시안게임 정식종목에서 뺐기 때문이다.

마라톤의 기원은 기원전 490년, 아티카의 북동 해안에 위치한 마라톤광야에서 벌어진 전쟁이다. 그 마라톤전투에서 페르시아(지금의 이란)군이 6,400명의 병사를 잃은 데 반하여, 그리스연합군의 전사자는 192명으로 그리스연합이 대승을 거뒀다. 그리스의 용사 페이디피데스가 마라톤 전장에서 아테네까지 약 40km를 달려 "승리는 우리에게 있다."는 내용의 승전보를 알리고 죽었는데, 마라톤 경주는 이를 기념하기 위해 생겼다. 따라서 이란은 자기나라가 전쟁에서 패한 기념으로 만든 마라톤을 정부차원에서 금기시 하고 있다. 당시 이란은 아시아올림픽 평의회에 테헤란에서 아시안게임을 개최하는 조건으로 마라톤을 제외하겠다고 명시를 했었다.

스포츠 해설에도 금기가 있다. 아나운서는 물론 해설가도 선수나 감독에 인신공격을 하지 말아야 한다. 그리고 특정 지방이나 종교이야기는 절대 해서는 안 된다.

2010 벤쿠버동계올림픽 SBS에서 해설하던 제갈성렬씨가 해설 도중 이승훈 선수가 남자 스피드스케이팅 10,000m에서 금메달을 따내자 "우리 주님께서 허락하셨다."고 특정 종교를 언급해 불교계와 네티즌으로부터 엄청난 비난을 받아 중도하차 해야 했다.

심판에게도 금기가 있다.

자신이 심판을 볼 팀 관계자와 함께 밥을 먹지 않는 것이다. 전날 술자리는 말할 것도 없다.

심판에게는 경기 전에 반드시 먹지 말아야 하는 음식이 있다. 기름진 음식이다. 그리고 땅콩을 먹는 것도 금물이다. 이유는 알아서 생각해보라.

그러나 금기도 깨지는 경우가 있다.

미국 남자프로농구 NBA 선수들은 오래 전부터 온몸에 문신을 하는 게 보통이다. 그러나 한국선수들은 보수적인 팬들로 인해 몸에 문신을 하는 게 금기였다.

그런데 2003~4시즌 대구 오리온즈에서 뛰었던 김승현 선수가 오른팔에 문신을 하고부터 국내 선수들도 하나둘씩 문신을 하기 시작했다. 이제는 국내 선수들도 외국선수들 못지않게 다양한 그림의 문신을 하고 있다.

금메달 전성시대

국제올림픽위원회(IOC)는 올림픽 금메달을 은 150g에 금 6g으로 도금하라고 지도한다. 따라서 올림픽 금메달은 금과 은값의 국제시세와 제작비를 고려하여 최소한 50만 원 이상 값어치를 갖고 있다. 그러나 금메달을 따기까지 선수의 노력, 각 국가의 지원 등을 생각할 때, 최소 수억 원, 최대 수백억 원의 가치가 있다.

지난 60~70년대 동독이나 구소련 선수들은 '올림픽 시상대 맨 위에서 내려오다가 죽어도 좋다'는 생각에 선수들의 약물복용이 만연했다.

당시 공산권인 구소련과 동독은 자유진영의 미국, 영국, 프랑스, 이탈리아 등의 선수들을 압도하며 올림픽에서 상위권을 독점했다. 대부분의 나라는 올림픽 같은 종합 스포츠제전에서 금메달을 따기 위해 많은 포상금을 걸고 있다. 마치 올림픽에서 좋은 성적을 올리면 그 나라의 국격(國格)이 올라가는 것으로 생각하고 있었다. 실제로 올림픽에서 상위권에 올라 있는 대부분의 국가는 소위 말하는 선진국이거나 선진국을 지향하는 나라들이다.

올림픽 한 대회에서 가장 많은 금메달을 딴 나라는 1984 LA올림픽 때 미국이 84개의 금메달을 획득했다.

아시안게임 사상 가장 많은 199개의 금메달 딴 중국은 2010 광저우 아시안게임 때 종합 1위에 올랐다.

그러나 동계올림픽에는 2010 벤쿠버 동계올림픽 때 개최국 캐나다가 14개의 금메달로 가장 많았다.

개인으로는 2008 베이징 올림픽 때 수영에서 8개의 금메달을 딴 미국의 마이클 펠프스가 한 대회에서 가장 많은 금메달을 딴 선수로 기록되어 있다.

하계아시안게임에는 1982 뉴델리 아시안게임 때 북한의 소길산이 기록한 7개의 금메달이 최다 기록이다. 소길산은 소구경 소총 복사 개인전 등 자신이 출전한 종목에서 모두 금메달을 획득했다. 당시 북한은 모두 17개의 금메달을 땄는데, 그 가운데 약 40%에 해당하는 금메달을 소길산 선수 혼자서 따낸 것이다.

동계아시안게임의 최다 금메달리스트는 1990 삿포로 동계아시안게임에서 일본의 여자 스피드스케이팅 선수 하시모토 게이코가 500m, 1,000m 1,500m 그리고 3,000m에서 4관왕을 차지한 것이다.

이렇게 영광의 금메달도 있는 반면, 허무한 금메달도 있다. 바로 한국의 아시안게임 금메달이다.

각국은 선수들에게 금메달을 많이 따도록 갖가지 당근책을 쓰고 있다. 상금이나 주택, 자동차 등을 주는 데 대부분의 일과성(一過性)으로 그치고 있다. 그러나 한국은 세계 스포츠에서 이례적으로 연금제도를 채택하고 있다.

올림픽 금, 은, 동메달에 일정액의 연금이 나간다. 물론 연금을 일시금으로 받을 수도 있지만, 그렇지 않으면 매달 일정액이 선수 사망하기 전까지 통장에 입금된다.

그런데 아시안게임 금메달 1개는 연금 점수만 주어질 뿐, 연금이 나오지 않는다. 2개를 따야 최소 연금이 나온다. 아시안게임 금메달과 다른 대회의 성적으로 연금점수를 합하여 최소연금을 받을 수 있는 점수에 도달하면 연금을 받을 수 있다. 그러나 달랑 아시안게임 금메달 1개만 따면 연금이 나오지 않는다.

남자선수의 경우 올림픽 금, 은, 동메달 수상자에게 병역면제 혜택이 주어진다. 그리고 아시안게임은 금메달을 딴 선수에게만 병역면제 혜택을 준다. 따라서 남자선수는 아시안게임 금메달 1개만을 따더라도 어떻게 보면 연금보다 더 큰 혜택이라고 할 수 있는 병역면제를 받는다. 그러나 여자선수에게 아시안게임 금메달 1개는 아무 의미가 없다.

그저 '아시안게임 금메달리스트'라는 명예만을 누릴 뿐이다.
그래서 여자선수에게 아시안게임 금메달 1개는 허무한 금
메달이라고 부른다.

농구의 170클럽 선수들

농구는 지상에서 3m 5cm 위에 있는 바구니에 공을 누가 많이 넣느냐로 승부를 가린다.

드리블, 패스, 더블 클러치, 픽앤롤, 포스트 업 등은 모두 상대팀의 바스켓에 공을 넣기 위한 기술이나 작전이다.

따라서, 농구는 슛 거리가 길거나(3점 슛), 짧거나(2점 슛) 정지되어 있거나(프리드로우) 바스켓에 슛을 더 정확하게 넣는 선수가 농구를 잘하는 선수라고 할 수 있다.

농구에서는 골을 잘 넣는, 뛰어난 슈터를 가늠하는 지표가 '170클럽' 가입 여부로 결정한다.

'170클럽'이란 야투성공률, 2점 슛 성공률 50%, 3점 슛 성공률 40%, 자유투 성공률 80%의 커트라인을 넘어서는 기록을 올린 선수들을 의미한다. 3가지 성공률을 합한 숫자가 170이 된다. 미국 프로농구 NBA에서도 널리 사용되는 '170클럽'은 농구에서 전천후 슈터를 파악하는 잣대가 된다.

한국 농구연맹 KBL에서는 지난 1997년 출범 이래 총 7명의 선수가 '170클럽'에 가입했다. 김영만, 이상범, 조성원, 김병철, 신기성, 추승균(이상 은퇴), 그리고 백인 용병으로 뛰었던 에릭 이버츠(전 여수 코리아텐더) 등이다.

현역 시절 '사마귀 슈터'로 명성을 떨쳤던 '김영만'은 프로농구 원년시즌부터 3년 연속 '170클럽'에 가입한 당대 최고의 슈터였다. 프로농구 출범 첫 경기에서 첫 3점 슛(프로농구 첫 득점이기도 하다) 기록을 가진 '이상범'(현 안양 인삼공사 감독)도 프로농구 원년에 '170클럽'에 가입했었다. '170클럽' 최다 가입기록은 인천 전자랜드 팀에서 뛰었던 '신기성'이 갖고 있다.

'신기성'은 98~99시즌부터 3년 연속 '170클럽'에 가입했고, 06~07시즌에도 이름을 올렸다. 4번이나 가입을 한 것이다.

외국인 선수로는 유일하게 '이버츠'의 이름이 올라있다. '이버츠'는 창원 LG 소속이던 지난 00~01시즌 야투성공률 61.5%, 3점 슛 성공률 50.3%, 자유투 성공률 81.8%를 기록하며 무려 193.6이라는 어마어마한 기록을 남겼다. 이는 역대 최고성적이다. 특히 3점 슛 성공률이 50%를 넘었다는 것이 중요하다.

프로농구에서 170클럽에 가입을 한다고 해서 최고의 슈터 또는 슈퍼스타와 동일 시 되는 것은 물론 아니다. 적게 던져 알차게 성공시켜야 하기 때문이다.

세계농구 역사상 최고의 선수라는 '마이클 조던', 그리고 드리블의 마술사 '매직 존슨' 같은 빅 스타들은 보통 득점은 많이 하지만 슛 성공률은 그리 높지 않았다. 그러나 170클럽에 가입하기 위해서는 내, 외곽 슛을 정확하게 던져야 하는 것은 필수조건이다.

NBA에서는 79~80시즌 3점 슛 제도 도입 후 지금까지 '170클럽'에 가입에 성공한 선수는 13명밖에 안 된다.

역대 170클럽 가입자를 보면 유타 재즈팀에서 뛰었던 '제프 호나섹'이 5번으로 가장 많았고, 유타 재즈의 전설 어시스트 왕 '존 스탁턴'도 4번이나 기록했었다. '존 스탁턴'은 1989년 37경기 연속 더블 더블을 기록해 포인트 가드로는 매우 득점력이 뛰어난 선수였다는 것을 알 수 있다.

그리고 밀러타임으로 유명한 3점 슈터 '레지 밀러'도 두 차례 기록했었다. '레지 밀러'는 인디에나 페이서스의 프랜차이즈 플레이어로 활약했는데, 특히 4쿼터 막판 승부를 가름하는 정확한 3점 슛을 던져 '밀러타임'으로 불리기도 했다.

농구해설위원으로 활약하고 있는 '조성원'도 현역시절 '4쿼터의 사나이'라는 닉네임이 붙었었다. '조성원'은 3쿼터까지 침묵을 지키다가, 승부처인 4쿼터에서 집중력을 발휘해 놀라운 3점 슛 적중률을 보이곤 했다.

'조성원'은 현역시절 '에릭 이버츠'처럼 190클럽까지는 몰라도 180클럽을 두 차례나 가입했었다. 그러나 국내 선수의 170, 180, 또는 190클럽 가입은 농구의 본고장 NBA 선수들과 격이 다르다.

NBA와 한국 프로농구는 2점 슛과 프리드로우 슛 거리는 똑같지만, 3점 슛 라인이 다르기 때문이다. NBA의 3점 슛 거리는 7m 24cm로 국내 프로농구의 3점 슛 거리(과거 6m 25cm, 현재 6m 75cm)와 차이가 나기 때문이다. 그러니까 똑같은 조건이라면 국내의 170클럽은 NBA로 가면 160클럽 정도로 보면 될 것 같다.

공포의 주둥아리

1952 헬싱키 올림픽 남자 육상 5,000m 10,000m, 그리고 마라톤까지 모두 제패한 체코슬로바키아의 에밀 자토펙의 별명은 '인간 기관차'다. 장거리 육상 선수에게 이보다 좋은 별명이 있을까? 아마 지금 자토펙이 활약한다면 '인간 고속철'쯤 되지 않았을까?

자토펙은 5,000m와 10,000m에서 각각 올림픽 신기록을 세우며 금메달 2관왕에 올랐는데, 부인 다나 여사도 여자 투창에서 올림픽 신기록으로 금메달을 따내자 예정에 없던 마라톤 경기 출전을 선언했다.

"지금까지 나와 부인의 스코어는 2대 1이다. 그 정도 차이로는 남편의 권위가 서지 않는다. 마라톤에서 금메달을 한 개 더 따서 3대 1쯤 되어야 부인 앞에서 평생 어깨를 펴고 살 게 아닌가."

자토펙은 마라톤에서 2시간 23분 3초 2의 올림픽 신기록으로 금메달을 따내 정말 부인과의 금메달 스코어를 3대 1

로 만들면서 인간 기관차로서의 면모를 확실하게 보여주었다. 그러나 자토펙이 달릴 때 표정이 너무 일그러져서 '세상의 고통을 혼자서 안고 뛰는 것 같다.'거나 '산모가 아기를 낳으며 달리는 것 같다'는 소리를 듣기도 했다.

'농구 황제', '에어 조던', '4쿼터의 사나이' 농구 사상 최고의 사나이 마이클 조던의 현역시절 별명이다.

농구에는 한 경기 100점을 넣은 월트 체임벌린, 생애 통산 38,387점을 기록한 카림 압둘자바, 농구 기계 매직 존슨 등 한 시대를 풍미한 선수들이 즐비하지만 그래도 마이클 조던의 신화를 능가하지 못한다. 마이클 조던은 1m 98cm의 키로 드리블, 패싱, 슈팅 등을 완벽하게 구사했고, 특히 4쿼터 결정적일 때의 득점력은 일품이었다.

1984년 시카고 불스 팀에 입단 신인왕이 되었고, 7년 연속 득점왕, 시카고 불스의 NBA 3연패 등 '농구 황제'라는 별명에 딱 어울리는 플레이를 펼쳤다. 마이클 조던은 '축구황제' 펠레와 함께 그 종목에 황제라는 별명이 가장 잘 어울리는 선수다.

국내에서는 전주 KCC의 허재 감독이 현역시절 '농구 대통령'으로 불릴 정도로 뛰어난 플레이를 했다. 아마 국내농구에서 당분간 허재에 이어서 '농구 대통령'으로 불릴 선수가 나올지 모르겠다.

'60억분의 1의 사나이'는 러시아의 격투기 선수 에밀리아 넨코 표도르 선수의 별명이었다. 지구상에 살고 있는 60억 인구 가운데 가장 강한 사나이라는 뜻이다. 표도르는 183cm, 110kg의 헤비급 격투기 선수로는 크지 않은 체격이 지만, 일살 필도의 타격과 유연한 그라운드 실력으로 거구 의 선수들을 제압해 나가면서 자연스럽게 '60억분의 1의 사 나이'라는 별명을 얻었다.

프로복서로는 엄청난 KO율을 자랑했었던 마이크 타이슨 의 '핵주먹'이 가장 무시무시한 별명인데, 핵주먹 타이슨이 '뼈 분쇄기'라는 나름 무서운 별명을 가진 '제임스 스미스' 선수와 1987년 3월 7일 WBA 헤비급 챔피언 도전자 결정전 에서 맞붙었는데, 핵주먹의 공포에 떨던 뼈 분쇄기가 12라 운드 내내 도망 다니는 바람에 재미없는 경기가 되었다. 제 임스 스미스 선수는 경기할 때마다 상대 선수의 턱뼈, 광대 뼈 등을 골절시키곤 해서 뼈 분쇄기라는 별명이 붙었다.

축구에는 웬만큼 축구를 하는 선수는 별명이 많이 붙는 다. 1966 영국 월드컵 북한 대 이탈리아의 8강전에서 결승 골을 터트린 북한의 박두익에게는 '동양의 펠레', 70~80년대 브라질 국가대표로 활약하면서 72경기에 출전, 52골을 터트린 지코는 '하얀 펠레', 수원삼성에서 뛰고 있는 재일교포 정대세는 영국의 스타플레이어 웨인 루니의 이름을 빌려서 '인민 루니', 독일 분데스리가 레버쿠젠팀에서 뛰고 있는 손흥민은 과거 차범근 선수가 독일에서 얻은 별명 '차 붐'의 영향을 받아 '손 붐'이라 불린다.

그밖에 과거 민속씨름을 평정했던 이만기는 만 가지 기술을 가졌다 해서 '만기(萬技)의 만기'라 불렸고, 90년대 2000년대 한국 축구대표팀의 스트라이커 황선홍의 '황 새', 강속구를 던졌던 선동렬의 '무등산 폭격기', 박태환의 '마린 보이', 김연아의 '빙판의 여왕' 등도 의미 있는 별명이다.

또한, 근대올림픽의 창시자 프랑스의 쿠베르텡은 '미스터 올림픽', 2002 솔트레이크 시티 동계올림픽 뇌물에 연루되지 않았다 하여 전 자크 로게 IOC 위원장은 '미스터 클린'이라고 불린다.

'난 이래 뵈도 1,000만 관객을 모은 배우야.' 공주는 틈만 나면 자신을 영화배우라고 내세운다. 영화 '해운대'에 잠깐 야구선수로 출연한 것을 두고두고 자랑하는 공주는 롯데 자이언츠 4번 타자였었던 이대호(소프트 뱅크 호크스) 선수의 별명이다. 공주는 공포의 주둥아리의 줄임말이다. 이 같이 스포츠맨에게는 보기와는 다른 별명으로 불리는 선수도 많다.

노예보다 못한 신세

프로스포츠에서 팀(구단)과 선수의 계약제도는 과거 노예계약과 비슷했다.

선수가 팀과 한번 계약을 하면 다른 팀으로 갈 수가 없었기 때문이다. 그러나 메이저리그의 한 선수에 의해 노예계약제도가 깨졌다. 즉, 자유계약 FA(Free Agent) 제도가 생긴 것이다. 자유계약선수(FA)라는 말이 처음 등장한 것은 1974년이다.

메이저리그의 앤디 메서스미스와 데이브 맥넬리라는 투수가 자신의 소속 구단과 재계약을 하지 않고 FA 신분을 요구한 것이다. 결국, 메서스미스와 데이브 맥넬리 두 선수는 법정소송 끝에 1976년 7월 '매년 등록일수 172일을 채운 7년 차 선수들에게 FA 자격을 주는 것'에 합의하기에 이르렀다. 한 팀에서 매년 172일 이상씩 7년간 메이저리그에 선수로 등록된 선수는 마음대로 팀을 택해서 계약할 수 있게 된 것이다. 그러니까 FA 제도는 노예해방 제도나 마찬가지

설렁설렁 스포츠

라고 할 수 있다. FA 자격을 얻게 되는 기간이, 현재 한국은 고졸 선수 9년(대졸선수 8년), 일본도 9년이고, 메이저리그는 6년이다. 물론 매년 일정한 기준(타자는 팀 경기 3분의 2 출전, 투수는 규정이닝 3분 2이닝 투구)을 채워야 한다. 그런데 자유계약선수를 데려가는 팀은 그 선수가 속해 있는 팀에게 보상을 해줘야 하는데, 그것을 '보상선수 제도'라고 한다.

프로야구의 보상선수 제도는 비인간적이면서도 가장 프로다운 제도인 것 같다. 프로야구 보상선수 제도는 A팀의 FA 자격을 얻은 선수를 B팀에서 데리고 갈 때, B팀이 A팀에게 보상을 해줘야 하는데, 그때 A팀은 두 가지 중 하나를 택해야 한다. 하나는 B팀으로부터 돈으로 보상을 받는 거다. 이 경우 선수를 빼앗긴 A팀은 B팀에게 C선수가 A팀에서 받았던 연봉의 300%를 일시금으로 받을 수 있다. 만약 C선수의 연봉이 3억 원이었다면, B팀은 A팀에게 9억 원을 주어야 한다.

또 하나는 돈과 선수를 보상받는 것이다. 돈과 보상선수를 모두 받으려면 A팀은 C선수 연봉의 200%인 6억 원만 B팀에서 받고, B팀에서 보호선수 18명 외의 한 명을 임의로 데려올 수가 있다. 그러니까 A팀은 B팀에서 이 선수들(보호선수 18명)은 우리 팀에서 꼭 필요한 선수니까 건드리지 말고 18명의 보호선수 외에 아무나 한 명 데려가라는 게 보호선수 제도다.

당연히 B팀에서는 보호선수 18명의 명단을 극비에 붙인다. 보호선수 18명 외의 비보호 선수들의 사기가 떨어지기 때문이다. 이때 비보호 선수로 버려져서 다른 팀으로 노예가 팔려가듯이 팔려간 선수의 처지가 정말 한심해지는 것이다. 비보호 선수로 분류된 것도 서러운데, 자신의 의지와는 아무런 상관없이 그야말로 똥값에 다른 팀으로 가야 하는 것이다. 그런데 그야말로 낙동강 오리알 신세인 비보호 선수가 일을 낸 경우가 가끔 있었다. 그야말로 '새옹지마'(塞翁之馬)인 것이다.

2000년 박충식(삼성→해태), 김상엽(삼성→LG), 2001년 최익성(LG→해태), 2003년 조규제(현대→SK), 2004년 문동환(롯데→두산→한화,) 신종길(롯데→한화), 신동주(KIA→삼성), 손지환(LG→KIA), 노병오(삼성→현대), 2005년 안재만(LG→SK), 이정호(삼성→현대), 2006년 정병희(한화→SK), 2007년 신재웅(LG→두산), 2009년 이승호(LG→SK), 이원석(롯데→두산), 2011년 안영명(기아→한화)이다.

비보호 선수 가운데 가장 큰 성공 사례는 한화에서 있었다. 바로 '문동환'이다. '정수근'의 보상선수로 두산에 지명된 당일 '채상병'과 맞 트레이드돼 한화 유니폼을 입은 '문동환'은 팔꿈치 부상으로 재기를 장담하기 어려운 상태였

설렁설렁 스포츠

다. '문동환'은 이적 첫해 4승 15패 평균자책점 5.37로 리그 최다 패전 투수가 됐다. 하지만 당시 한화 이글스 김인식 감독은 '문동환'의 부활에 기대를 버리지 않고, 전폭적으로 밀어줬다. 선발로만 22차례 등판시킬 정도로 믿고 기회를 줬다. 문동환은 김인식 감독의 기대대로 이듬해부터 빛을 보기 시작했다. 2005년 10승 9패 평균자책점 3.47로 멋지게 부활한 문동환은 2006년에도 16승 9패 1세이브 평균자책점 3.05를 기록하며 류현진과 함께 막강 원투펀치를 구축했다. 그해 한화는 한국시리즈 준우승을 차지했고, 문동환은 선발과 불펜을 오가며 투혼을 발휘했다. 문동환은 2007년 5승 3패 방어율 3.11의 성적을 남긴 이후 부상이 재발하는 바람에 은퇴를 해야 했다.

그리고 '진필중' 투수가 2004년 기아 타이거즈에서 자유계약선수로 LG 트윈스로 갈 때, 보상 선수로 '손지환' 선수가 빛을 봤다. 손지환은 LG 트윈스에서 백업 내야수로 8년간 빛을 보지 못하다가 기아 타이거즈로 와서 주전 자리를 꿰차며 114경기에 출전, 0.271의 타율을 기록하며 자리를 잡았다.

'홍성흔' 선수가 2009년 두산 베어스에서 자유계약선수로 롯데 자이언츠로 갈 때, '이원석' 선수가 보상 선수로 두산 베어스에 왔다. '이원석'은 두산 베어스가 내야진이 두터운데도 불구하고 2할 8푼이 넘는 타율에 홈런도 매년 10개 이상을 기록하며 주전 자리를 확보했다.

삶과 죽음의 갈림길에서

삶과 죽음은 종이 한 장 차이라고 하지만, 경기를 하다가 죽는 것처럼 허무한 경우도 없다. 주먹으로 때리고, 발로 차고, 머리로 박는 프로복싱이나 프로레슬링 또는 격투기라면 모를까.

추신수 선수가 속해 있는 클리블랜드 인디언스와 뉴욕 양키스가 2010년 5월 29일 뉴욕 양키스 스타디움에서 경기를 벌이고 있었다. 클리블랜드의 좌완 선발 데이비드 허프 투수가 뉴욕 양키스와의 경기 도중 자칫 목숨을 잃을지 모르는 위험한 순간을 맞았었다. 뉴욕 양키스가 1대 0으로 앞선 3회말 알렉스 로드리게스가 타석에 들어섰다. 그런데 알렉스 로드리게스가 날린 강한 직선 타구가 허프의 오른쪽 귀를 맞힌 뒤, 우익수 앞으로 튕겨 날아갔다. 허프가 글러브로 날아오는 공을 막아낼 틈도 없이 벌어진 일이었고, 허프는 마운드에 그대로 엎어졌다. 이내 관중석은 찬물을 끼얹은 듯 조용해졌다. 허프의 귀를 강하게 가격한 타구가 굴절되는 바람에 2루까지 도달한 로드리게스도 무릎을 꿇고 자책하는 모습까지 보였다. 양키스팀 의료진이 들것에 허프를 싣자, 허프는 오른손 엄지손가락을 들어 괜찮다는 의사를 전했고, 관중들은 기립박수로 격려했다.

메이저리그 130년이 넘는 역사에 경기 도중 사망한 선수는 단 한 명뿐이다.

뉴욕 양키스 팬은 아마 두 번째로 경기 도중 사망하는 선수의 모습을 볼까 봐 노심초사했었던 것이다.

꼭 90년 전, 메이저리그에 그와 비슷한 일이 있었다. 당시도 클리블랜드 인디언스와 뉴욕 양키스 경기였고, 역시 가해자는 뉴욕 양키스 선수, 피해자는 클리블랜드 선수였다. 1920년 뉴욕 양키스의 잠수함 투수 칼 메이스가 던진 공에 클리블랜드 인디언스 레이 체프먼 선수가 머리를 정통으로 얻어맞아 병원으로 옮겨졌지만, 12시간 만에 숨졌다. 레이 체프먼은 명예의 전당에 헌액된 메이저리그 선수 중 유일하게 경기 도중 사망한 선수다.

축구는 의외로 경기 도중 사망한 선수가 많다. 우리에게는 지난 1975년 명배우 허장강 씨가 지금은 없어진 서울운동장에서 연예인 축구를 하다가 52세의 아까운 나이에 사망해서 그 위험성이 잘 알려졌기는 하다.

2008 유럽축구선수권대회에서 스페인은 사상 두 번째 우승을 차지했다. 그런데 우승을 차지한 스페인이 세르히오 라모스는 하늘을 바라보여 하염없이 눈물을 흘리고 있었다. 세르히오 라모스의 셔츠에는 "형제 푸에르타여, 편안히 잠들어라."라고 쓰여 있었다. 스페인 프리메라리그 세비야 FC팀에서 활약했던 안토니오 푸에르타는 2007년 8월 25일 헤타페 CF와의 경기 도중 심장마비를 일으키며 쓰러졌다. 구급차가 그라운드로 들어와서 급히 병원으로 이송했으나, 3일 후인 28일 사망하고 말았다. 그때 푸에르타의 나이가 겨우 23살이었다.

이같이 지구촌 축구장에서는 1년에도 2~3명씩 경기 도중 사망한다. 아마 모든 스포츠 가운데 경기 도중 사망률이 가장 높은 종목이 축구인 것 같다.

축구 경기 도중 사망하는 이유는 80~90%가 부정맥으로 알려졌다. 부정맥은 심장의 전기적 자극 발생과 전달에 이상이 생겨 규칙적인 심장의 수축이 이루어지지 못해 심장박동이 비정상적으로 빨라지거나, 늦어지는 것을 말한다.

2006카타르 도하 아시안게임 때는 우리나라의 베테랑 승마 선수 김형칠 선수가 경기 도중 사망했다. 김형칠 선수는 카타르 도하 승마클럽에서 열린 종합마술 크로스킨트리 경기 도중 장애물을 넘다가 자신이 탔던 말에서 떨어진 직후 말이 김 선수를 덮치면서 바로 의식을 잃었다. 김 선수는 곧바로 인근에 있는 하마드 종합병원으로 옮겨 응급치료를 받았으나, 의식을 회복하지 못하고 사망했다. 1951년에 시작, 60년이 넘는 아시안게임에서 경기 도중 사망한 것은 김형칠 선수가 유일하다.

올림픽에서는 2명의 선수가 경기 도중 사망했다. 1912스톡홀름 올림픽에서 포르투갈의 프랜시스코 라자로가 남자 마라톤 경기, 30km 지점에서 마라톤의 고통을 이기지 못하고 쓰러졌다. 곧 병원으로 옮겼지만, 다음날 사망했다.

1960로마 올림픽 사이클 100km 단체 경기에서 덴마크 크누트 에네마크 옌센선수가 약물 과다복용으로 경기 도중 숨졌다.

선수가 경기를 하는 도중 사망하는 것은 산악인이 산에서 죽는 것과 비슷한 경우다. 그러나 선수가 경기 도중 사망할 때는 많은 관중 또는 시청자들이 보고 있는 가운데 죽는 것이어서 더욱 충격을 주게 마련이다.

2장.

미워도 다시 한 번

엿장수 마음대로

스포츠는 끊임없이 진화한다.

모든 스포츠 종목은 처음에 만들어졌을 때에 비해서 많은 변화가 있다. 그리고 앞으로도 시대의 흐름에 맞게 수많은 변화를 거듭할 것이다.

농구는 크게 두 가지가 변했다. 처음 농구는 공격시간이 제한되어 있지 않아서 심지어 2대 1로 끝나는 경우가 있었다. 한 팀이 패스와 드리블을 무한정 길게 하면 대책이 없었던 것이다. 그래서 나온 것이 공격권을 가진 팀이 30초 제한시간 안에 슈팅을 날리거나 링을 맞춰야 한다. 지금은 제한시간이 24초로 줄었다.

농구에서 두 번째 혁명은 3점 숏 제도다. 농구는 원래 2점 숏과 1점 숏(프리드로우)밖에 없었다. 3점 숏 제도는 1945년 2월 7일 미국 콜롬비아 대학과 포드햄 대학 간의 경기에서 처음 채택이 됐고, 미국 남자프로농구 NBA에서는 1979~80시즌부터 도입이 되었다.

국제농구연맹 FIBA는 1984년부터 3점 슛 제도를 도입했는데, 처음에는 3점 슛 거리가 6.25m였고, 2010년부터 6.75m로 늘렸고, NBA는 7.25m를 고수하고 있다.

필드하키는 1996년 애틀랜타 올림픽 이후 혁명적인 룰 개혁을 이뤄냈다. 필드하키도 축구처럼 오프사이드 제도가 있었지만, 1996애틀랜타 올림픽 이후로 오프사이드 제도를 없앴다. 그리고 선수 교체도 2명까지밖에 안됐지만, 오프사이드가 없어지면서 필드에서 뛰는 11명의 선수 외에도 16명 엔트리 안에서 아이스하키처럼 나갔던 선수가 다시 들어가는 등 수시로 교체를 할 수 있도록 하고 있다. 필드하키는 오프사이드 규정을 없애면서, 득점력이 2배 이상 늘어났다. 경기가 더 박진감이 넘치고 체력과 기본기가 좋은 유럽선수들이 유리해졌다.

축구는 다른 종목에 비해 비교적 보수적인 종목이다. 조금은 불편해도 과거의 전통을 그대로 이어받는 것을 원칙으로 하고 있다. 그런데 골키퍼에 대한 룰이 바뀐 것이 특이하다. 축구 골키퍼는 종전에는 페널티에어리어 안에서 볼을 잡고 3걸음 이상 걸으면 반칙을 선언 받았다. 그러나 이제는 공을 잡고 몇 걸음을 옮겨도 좋은데, 다만 처음 볼을 잡은 이후 6초 이내에 공을 처리해야 한다. 골키퍼가 한

층 여유로워진 것이다.

　야구에서 가장 큰 변화는 지명타자 제도의 도입이다. 지명타자 제도 도입은 야구는 9명이 한다는 명제를 깨트린 그야말로 엄청난 변화를 주었다.

　미국 메이저리그 가운데 아메리칸 리그가 1973년부터 지명타자 제도를 도입하고 있는데, 아메리칸 리그가 타율, 득점 등이 떨어져서 이를 만회하기 위해 투수 대신 타자가 타격하는 '지명타자' 제도가 도입된 것이다. 그러나 메이저리그에서도 내셔널리그는 지명타자 제도가 도입되지 않고 있고, 한국은 1973년 실업야구 시절에 도입, 1982년 프로야구 출범부터 지명타자 제도를 실시해 오고 있다.

　일본 프로야구는 퍼시픽리그만 지명타자 제도를 실시하고 있고, 센트럴리그는 지명타자 제도가 없다. 그러나 일본 (미국의 월드)시리즈에서는 퍼시픽(아메리칸)리그팀 홈구장에서는 지명타자 제도를 실시하고, 센트럴(내셔널)리그 홈경기에서는 지명타자 제도를 실시하지 않는다.

　역도는 원래 인상, 용상, 추상 3종목이었다. 그러나 인상과 추상이 동작이 비슷하다고 해서 추상을 없애고 이제 인상과 용상으로만 승부를 겨루고 있다. 만약 추상이 그대로 있었다면 지금보다는 체력이 더 필요했을 것이고, 전통적으로 인상이 약한 한국선수들에게도 불리했을 것이다.

복싱, 레슬링, 태권도, 유도 등 체급종목은 경기시간과 점수를 매기는 방법에 지속적인 변화를 주고 있다. 복싱은 3분 3라운드에서, 2분 5라운드, 유도는 지도를 없애고 두 번째 지도를 받으면 바로 유효를 빼앗기도록 했다.

배구, 배드민턴, 탁구 같은 네트 종목은 스코어 계산 방식에서 많은 변화를 준다. 특히 배구와 배드민턴은 서브권을 가진 팀이 공격에 성공했을 때만 점수를 주다가 모든 행위에 대해 점수를 주는 랠리포인트 시스템으로 바뀌었고, 탁구는 21점 3세트 제에서 11점 5세트 제로 바뀌었고, 탁구공도 무게를 2.5g에서 2.8g으로 무게를 늘려서 랠리가 많이 되어 보는 사람으로 하여금 더욱 흥미를 불러일으키도록 하고 있다.

이같이 모든 스포츠는 관중 또는 TV 시청자 위주로 바뀌고 있다.

육상은 2011년 시즌부터 더욱 살벌해졌다. 종전까지는 처음 부정 출발을 한 선수는 봐 주고 두 번째 부정 출발 선수부터 탈락시켰었다. 그러나 이제는 부정 출발을 하면 처음부터 무조건 탈락시킨다. 사실 부정 출발 선수가 있으면 다른 선수에게도 지장을 초래한다. 긴장감이 떨어지기 때문이다. 그러나 더욱 큰 피해는 관중과 시청자들이다. 맥이 빠지기 때문이다.

수영은 부정 출발을 하면 처음부터 가차 없이 실격시켜 왔다. 2004년 아테네올림픽 남자 수영 자유형 400m에서 부정 출발해서 레이스도 해보지 못하고 쓸쓸히 귀국해야 했던 박태환 선수가 좋은 본보기다.

올림픽과 돈

올림픽이 열리는 기간 동안에는 세 개의 전쟁이 벌어진다. 경기장 안에서는 선수들의 메달전쟁, 그리고 경기장 밖에서는 기업들의 마케팅 전쟁이 불꽃을 튀긴다. 또한 올림픽 조직위원회는 대회가 열릴 때마다 올림픽 브랜드에 무임승차하려는 엠부시 마케팅과 전면전을 펼친다. 조직위원회로서는 대회의 돈줄이 공식후원사들이고 이들의 독점권 보장이 계약조건에 들어가 있기 때문이다.

런던올림픽의 경우 삼성, 코카콜라, 파나소닉 등 11개 세계적인 기업이 각각 1억 달러 안팎의 돈을 내고 올림픽 상표 사용권을 얻었다. IOC는 이들 11개 기업을 11개 TOP(The Olympic Partners)이라 해서 특별히 관리를 받았다.

스위스 로잔에 본부를 IOC는 자체 생산하는 물품 하나 없이 후원사들로부터 거액의 후원금과 함께 방송국과 통신사들로부터 런던올림픽 중계권료로 수천억을 받았고, 2014년 소치동계올림픽과 2016년 리우데자네이로 하계 올림픽 중계권을 묶어서 판매해 약 4억 달러의 이익을 얻게 될 것으로 예상된다.

올림픽이 열릴 때마다 각 종목에서 1위를 차지한 선수들에게는 금메달이 주어진다.

그런데 원가 약 50만 원(1000분의 925 정도의 순도를 가진 은에 6g의 가량의 금을 도금) 정도의 금메달이 어느 나라 선수에게로 가느냐에 따라 그 값어치는 천차만별이다.

우선 영국에서는 금메달 수상자에게 한 푼도 주지 않는다. 러시아는 1억5000만 원으로 가장 많다.

그러나 정부가 공식적으로 주는 포상금 외에 민간인이 내놓은 것까지 포함하면 아르메니아와 말레이시아가 가장 많다.

따지고 보면, 올림픽 금메달에 대한 포상금과 혜택은 한국이 가장 많다.

올림픽 금, 은 동메달, 아시안게임 금메달리스트에게 병역면제 혜택을 주고 있다.

병역면제 혜택은 아마추어 선수들에게는 수억 원 정도의 효과밖에 없지만, 박지성, 이대호, 박주영, 류현진 같은 특급 프로선수의 경우는 수십억 원의 가치가 있는 것으로 계산이 되고 있다. 선수가 22개월 동안 군대 생활을 하지 않고 프로선수 생활을 해서 얻는 경제적인 수익과 그 기간 동안 경기력이 향상된다는 점을 감안 하면 엄청난 가치가 창출되는 것이다.

명감독은 우승을 낳고

축구에서의 최고 명장을 가리려면, 세계 각국이 국력을 모두 기울여 총력전을 펴는 월드컵 축구대회에서의 성적을 가장 중요한 잣대로 할 수밖에 없다.

유럽에서도 알아주는 미국의 축구전문기자 그래이엄 존스(LA 타임즈)기자가 2005년 5월 23일자에서 '역대 월드컵 최고 감독 톱 10(World Cup: Top 10 coaches of all time)'을 선정하여 발표했다.

1위는 서독의 축구 아이콘 헬무트 쉔, 2위는 토탈축구의 창시자 네덜란드 리누스 미셸, 3위는 1950년대 헝가리 무적함대를 이끌던 1954년 스위스 월드컵 헝가리 감독 구스타보 세베스, 4위는 1958년 스웨덴 월드컵에서 첫 우승을 한 브라질 감독 비센테 페올라, 5위에 1970년 멕시코 월드컵에서 브라질이 우승하여 줄리메컵을 영구히 소유하게 한 마리우 자갈로 감독, 6위에는 1934년과 1938년 월드컵 2연속 우승 이탈리아 비토리오 포조, 7위는 1998년 네덜란드 4강,

2002 한일월드컵에서 한국을 4강의 주역으로 만든 네덜란드의 거스 히딩크, 8위에는 브라질의 텔레 산타나 감독으로 (1982년 스페인월드컵과 1986년 멕시코월드컵 브라질이 8강에서 탈락을 했던) 브라질 축구의 암흑기 감독이 선정되었다. 9위에는 1978년 아르헨티나 월드컵 우승 감독인 홀리오 세자르 메노티, 10위에 잉글랜드를 1986년 월드컵 8강, 90년 이탈리아 월드컵 4강으로 이끈 바비 롭슨 감독 등이다. 10위 안에 브라질 감독이 3명이나 포함된 것이 눈에 띈다.

그러면 1위를 차지한 서독의 헬무트 쉔 감독은 어떤 감독인가? 헬무트 쉔 감독은 20년이나 서독 축구대표팀의 감독이었다. 1966년 잉글랜드 월드컵에서 서독을 준우승으로 이끌었고, 1970년 멕시코월드컵 3위, 1974년 서독월드컵 우승, 그리고 1978년 아르헨티나 월드컵 6위를 차지했다. 4번의 월드컵에서 24전 16승 4무 4패를 기록했다.

헬무트 쉔 감독은 1966년 영국월드컵, 영국과의 결승전에서 축구황제 베켄바우어를 보비 찰튼 전담마크로 소모시키는 등 작전실패로 결국 준우승에 머물렀다. 그러나 1970년 멕시코월드컵 때는 잉글랜드와 8강전, 이탈리아와 4강전에서 월드컵 축구사에 길이 남을 명승부를 펼쳤고, 1974년에는 축구 천재 요한 크루이프가 이끄는 토탈사커의 창시자 네덜란드를 물리치고 대망의 월드컵 정상에 올랐다.

야구는 130년 역사의 미국 프로야구(메이저리그)와 60년 역사의 일본 프로야구, 그리고 짧은 역사의 한국 프로야구, 대만 프로야구가 있다. 이 중에서 1960~70년대 일본 프로야구 요미우리 자이언츠 팀을 9번 연속 정상에 올려놓은 일본의 가와가미 데쓰하루 감독을 최고 명감독으로 인정하지 않을 수 없다. 가와가미 데쓰하루 감독은 한국의 김성근 감독 등의 트레이드 마크 관리야구의 창시자라고 할 수 있다.

　요미우리 자이언츠 선수들에게 술·여자·도박을 금지하는 3금 정책을 내세우며 선수들을 다 잡아 나갔다. 가와가미 데쓰하루 감독은 1965년부터 1973년까지 9년 연속 요미우리 자이언츠를 센트럴리그 정상에 올려놓았고, 퍼시픽리그 우승 팀과 치른 일본시리즈에서도 9번 연속 모두 이겨서 세계 프로 스포츠사에 불멸의 기록으로 남아 있는 'V9'을 달성했다. 요미우리 자이언츠가 'V9'을 달성할 때 왕정치와 나가시마라는 당대 최고의 타자가 있기는 했지만, 아무리 훌륭한 선수가 있더라도, 개개인의 역량을 잘 취합해서 팀 전력을 극대화시키는 것은 감독의 몫이다.

　가와가미 데쓰하루 감독은 'V9'을 이루기 이전에도 2차례 센트럴리그 정상에 올라 일본시리즈에 진출해서 모두 우승을 차지해 일본시리즈 전적 11전 전승을 기록했다. 요미우리 자이언츠 감독으로 14시즌 동안 1,805전 1,066승 739패를 기록해 승률 0.591의 금자탑을 쌓았다.

가와가미 데스하루 감독의 업적이 더욱 돋보이는 것은 1974년 요미우리 자이언츠 감독에서 물러난 이후 다른 팀에서 감독을 맡아 달라고 해도 '난 영원한 요미우리 맨'이라며 평생 동안 거절한 것이다. 가와가미 데쓰하루 감독은 '명선수는 명감독이 될 수 없다'는 스포츠계의 속설도 깨트렸다. 요미우리 자이언츠팀의 현역시절, 18시즌 동안 1,979경기에 출전해서 7,500타수 2,374안타(0.313)를 기록하면서 '타격의 신'이라는 소리를 들었다.

농구계에서는 세계농구의 정상 미국남자프로농구(NBA), 유럽농구, 올림픽농구 등을 통틀어 미국 남자대학농구(NCAA) 7연속 우승의 주역 전 UCLA의 존 로버트 우든 감독을 최고 명장으로 꼽는다.

NBA 11번 우승의 필 잭슨 감독보다 존 우든 감독을 더쳐 주는 농구인들이 많은 것은 그의 인간적인 면까지 고려했기 때문이다. 존 우든 감독은 1964년부터 1975년까지 12시즌 동안 모두 10차례 우승을 차지했고, 그 가운데 1967년부터 1973년까지는 7연패라는 대 위업을 달성했다. 'V9'을 달성했던 야구의 가와가미 데쓰하루 감독과 연승하던 해가 7년 동안이나 겹치는 것이 흥미롭다.

UCLA에서 10차례 우승을 차지하는 동안 NBA에서 전설을 남겼던 카림압둘 자바와 빌 월튼 같은 걸출한 센터를 길러 내기도 했다. 우든 감독은 상대팀을 분석하지 않는 것으로 유명했다. 어떤 팀을 만나든 나와 우리 팀만 잘하면 이길 수 있다는 농구철학을 갖고 있었고, '팀에서 가장 큰 스타는 바로 팀이다.'라고 말하곤 했다.

미국 풋볼리그 NFL은 슈퍼볼 우승팀에게 빈스 롬바르디 컵을 수여한다.

미국 풋볼리그 NFL 최고의 명장 빈스 롬바르디 감독은 승률 10% 미만의 그린베이 페커스팀을 맡아 1년만에 60%로 올려놓았고, 이후 1967~68년 1, 2회 슈퍼볼 우승, 그리고 6번 결승에 올라 5번 슈퍼볼을 거머쥐는 기록적인 승률을 남겼다. 빈스 롬바르디 감독은 "훈련을 한다고 해서 반드시 완벽하게 되는 것은 아니다, 완벽한 훈련을 했을 때만 완벽하게 된다."라는 명언을 남겼다. 빈스 롬바르디 감독은 "모든 것을 쏟아 부어야 한다. 그리고 내게 남은 것이 단 하나도 없어야 한다. 우리에게 승리가 가장 중요한 것이 아니라 우리에게는 오직 승리만이 있을 뿐이다."라고 말하기도 했다. 그리고 자신도 승리와 관계되지 않은 모든 것을 거부한 청교도적인 삶을 살며 몸소 실천했다.

선수들 몸에 권리금이 붙어있다

　프로스포츠에서 선수들의 현재 위치는 몸값으로 나타난다. 몸값은 크게 선수들의 월급에 해당하는 연봉과 해당 선수를 다른 팀으로 트레이드할 때 챙기는 이적료로 나뉜다. 연봉은 선수에게 모두 돌아가는 돈이지만, 이적료는 일부 슈퍼스타들을 제외하고는 선수들이 만질 수 없다. 팀끼리 주고받는 선수에 대한 권리금 성격으로 보면 된다. 그 선수가 다른 팀으로 갈 때 역시 이적료(권리금)를 받게 되는데, 그때는 당시 그 선수의 기량, 나이, 잔여계약기간 등을 고려해서 이적료를 책정한다.

　메이저리그 최고 연봉은 LA다저스 클레이튼 커쇼의 7년간 2억 5천만달러(연봉기준 3071만달러)다. 메이저리그는 연봉을 2월부터 11월까지 10달에 나누어서 매달 두 번씩 수표로 지급한다. 따라서 알렉스 로드리게즈는 2월부터 11월까지 한 달에 두 번씩 약 16억 원(세금 포함)을 받는 셈이다. 한 달이면 32억 원이다. 그러니까 알렉스 로드리게즈는 매일 1

억 원을 받는 셈이다. 선수의 몸값은 어떻게 보면 연봉보다는 이적료로 측정하는 게 더 정확할지도 모른다. 이적료는 A구단이 B선수를 C구단으로부터 데려올 때 몸값으로 지급하는 돈이다. 가계를 사고팔 때 붙는 권리금 성격이다. 그러니까 이적료는 무형의 보증수표인 셈이다.

이제까지 유럽축구에서 발생한 가장 큰 금액의 이적료는 영국의 게러스 베일선수가 프리미어리그 토튼햄홋스퍼 팀에서 스페인 프리메라리그 레알마드리드로 이적할 때 발생한 9,100만 유로다. 그러나 이탈리아 프로축구 AC 밀란 팀에서 활약하고 있는 줄라탄 이브라히모비치(스웨덴)는, 스웨덴의 말뫼 팀에서부터 AC 밀란 팀으로 올 때까지 6번의 이적(10년 동안)을 하면서 모두 1억 6,860만 유로 한화 약 2,600억 원의 이적료를 발생시켜 이적료 총액 최고를 기록하고 있다.

에인트호벤은 페예노르트, 아약스팀과 함께 네덜란드의 3대 명문 팀이다. 아인트호벤은 네덜란드인들이 유태인보다 더 '이코노믹 애니멀'적인 사람들로 알려진 것처럼, 브라질, 아르헨티나 등 남미에서 싼값에 좋은 선수를 발굴해 데려와, 비싼 값에 파는 데 천부적 재능을 보인 구단이다.

삼바축구 스타인 호마리우와 호나우두, 세르비아·몬테네그로 출신인 마테야 케즈만 등이 에인트호벤에서 싸게 사와서 빅 리그로 비싸게 팔려갔다.

박지성은 2002 한일 월드컵 대회 직후인, 2003년 1월 일본 프로축구 교토퍼플 상가 팀에서 거스 히딩크 감독이 이끌던 아인트호벤 팀으로 올 때 이적료 없이 옮겨왔다. 그후 아인트호벤은 3년간 박지성 선수를 활용한 뒤, 2005년에 68억 원을 받고 맨체스터 유나이티드 팀으로 보냈다. 아인트호벤은 엄청나게 남는 장사를 한 것이다.

당시 롭 웨스터호프 아인트호벤 구단주는 맨체스터 유나이티드 팀으로부터 박지성의 이적료를 한 푼이라도 더 받기 위해 갖은 수단을 다 동원했었다.

처음에는 맨체스터 유나이티드 팀에 박지성을 보내지 않을 것처럼 얘기했다. 그래서 애초 55억 원으로 시작한 이적료가 92억 원까지 올라가기도 했다. 당시 박지성 선수는 아인트호벤 팀에서는 이미 몸과 마음이 떠난 상태였다. 어떻게 해서든지 세계 최고 명문 구단 맨체스터 유나이티드 팀으로 가고 싶었다. 그러나 상황이 돈 문제로 번지자 박지성은 아인트호벤 쪽에 맨유 이적을 공식 요청하기에 이르렀다. 단지 이적료 때문에 자신의 행보에 걸림돌이 생기면 안 된다는 압박을 구단 쪽에 넣은 것이다.

국내 프로스포츠 팀 가운데는 인천 유나이티드가 아인트호벤을 벤치마킹해서 한때 흑자가 나기도 했다.

인천 유나이티드 팀은 2003년 시민 주 공모로 창단했다. 인천은 2004년 K-리그 데뷔 2년째인 2005년, 리그 통합순위 1위를 차지하는 등 좋은 성적을 내기도 했다. 인천 구단은 2006년 프로야구, 프로축구, 프로농구 등 국내 프로 스포츠 팀 최초로 흑자 경영을 했는데, 당시 인천 팀이 흑자가 나기까지는 주요 선수 이적료 21억 원이 결정적인 역할을 했었다.

미워도 다시 한 번

인터넷이 발달되면서 스포츠계에 선수가 감독 등 지도자에게 쓴 소리를 하는 일이 잦아졌다. 그러나 그때마다 지도자들은 '어린 제자의 객기' 정도로 받아들이고 용서를 해주곤한다. 그야말로 미워도 다시 한 번인 셈이다.

2011 카타르 아시안컵 축구 도중 유병수(인천 유나이티드)가 아시안컵 국가대표 조광래 감독에게 정면으로 대들었다.

2011년 1월 14일 밤 알 가라파 스타디움에서 벌어졌던 아시안컵 C조 예선 한국 대 호주와의 경기에서 호주에게 한골을 내줘 1대 1이 되자 조광래 감독은 후반 21분 원톱이었던 지동원 선수를 빼고 유병수 선수를 투입했다. 그러나 유병수는 후반 44분 다시 윤빛가람과 교체되었다. 축구에서 교체 투입된 선수를 다시 다른 선수로 교체한다는 것은 거의 금기다. 선수를 교체한 감독이 자신의 실수를 인정하는 셈이고, 재교체된 선수에게는 치명적이기 때문이다.

유병수는 호주와의 경기 3일 후에 자신의 미니 홈피에

설렁설렁 스포츠

"진짜 할 맛 안 난다. 90분도 아니고, 20분 만에 내가 가지고 이룬 모든 것이 날아가 버렸네."라고 썼다. 누가 봐도 유병수는 조광래 감독이 호주전에 스타팅으로 기용하지도 않았고, 그렇다고 전반 또는 후반 90분도 뛰게 해주지 않았고, 후반 중반에 투입했다가 겨우 23분 만에 내쫓은 데 대한 불만을 토로한 것이다.

당시 한국 축구는 아시안컵 축구에서 1회(1956년) 대회에 이어 2회 대회(1960년)에서 우승, 2연패를 차지한 후 51년만에 3번째 우승을 위해 전력투구할 때였다. 그러나 유병수는 자신이 2010 시즌 프로축구 K리그에서 22골로 득점왕을 차지했는데도 불구하고 자신보다 3살이나 어린 20살 새내기 선수 지동원에 원톱 자리를 내 준 것에 대해 불편한 감정을 갖고 있었던 모양이다. 또한 유병수는 2009년 신인시절 10골을 넣고도 강원 FC 김영후 선수에게 신인왕을 빼앗겼고, 2010년에는 무려 22골을 터트리고 득점왕에 올랐지만 'K리그 베스트 11'에 들어가지도 못했다. 이어서 2011카타르 아시안컵 국가대표에 뽑혔지만, 원톱이었던 박주영(AS 모나코)이 부상으로 빠졌음에도 불구하고, 3살 아래 지동원에게 원톱 자리를 빼앗긴 데 대한 불만이 많았을 것이다.

유병수는 자신이 미니홈피에 올린 글이 엄청난 파문을 일으키자 곧 관련 글을 미니홈피에서 삭제 한 후 '저 자신에 너무 화가 났었습니다. (조) 감독님에 아무런 불만이 없는데 오해하지 마시길 바랍니다. 저는 감독님께 항명한 적도 없습니다.'라고 썼다. 그러나 조광래 감독은 유병수를 불러 내 개인면담을 하면서 "괜찮다. 이런 일에 신경 쓰지 마라."며 달래주었다. 조 감독 마음은 얼마나 쓰라렸을까? 조 감독은 이후 벌어진 약체 인도와의 마지막 경기는 물론 이란과의 8강전, 일본과 준결승전까지도 끝내 유병수를 기용하지 않았다.

2014 브라질 월드컵 축구 아시아지역 최종예선 때 최강희 감독에 대한 기성용 선수의 돌출발언도 대표적인 SNS시대의 폐해라고 할 수 있다.

2010년 4월 프로야구 LG 트윈스팀에 잇따라 항명사태가 터졌다. 박종훈 감독은 에이스 봉중근이 부진하자 2군으로 내려 보냈는데, 엉뚱하게 봉중근 선수의 부인이 미니 홈피에 박종훈 감독을 비난하는 글을 올린 것이다. 당시 봉중근 선수의 부인이 올린 글에는 '박종훈 감독이 봉중근에게 막말했다는 내용'이 담겨 있었다. 더구나 '박종훈 감독 XX'라는 원색적인 단어까지 쓰고 있어서 더욱 충격을 주었다.

또한, LG 트윈스의 신인 투수 이형종 역시 박종훈 감독의 선수평가에 대해 불만을 품고 "싸울 준비가 아직 안 됐

설렁설렁 스포츠

다."는 박 감독의 지적에 "야구로 말고 너랑 싸움하고 싶다. 1군도 2군도 싫고, 군대나 가고 싶다."는 내용의 글을 올려 엄청난 충격을 주었다. 그러나 박종훈 감독은 "우리 팀은 아무런 문제가 없다. 선수들도 감정이 있고 자신의 의사 표현할 자유가 있다. 문제가 있다면 그것은 모두 감독의 몫"이라며 선수들을 감싸 안았다. 그러나 박 감독도 인간이다. 감독과 선수 즉, 스승과 제자를 떠나서 아들뻘에게 당한 자신의 속은 얼마나 쓰라렸을까? 그러나 역시 감독(스승)인지라 선수(제자)를 매몰차게 내칠 수가 없는 것이다.

박지성과 센트리클럽

센트리클럽에는 국제축구연맹 FIFA가 인정한 국가대표팀 간의 축구경기 A매치를 100경기 이상 치른 선수들만 가입된다.

A매치를 'International A Match'라고 하고, 여기서 A는 가장 우수한 축구선수들로 구성된 팀이라는 뜻이다. 그렇다고 FIFA가 센트리클럽에 가입한 선수에게 시상하거나, 센트리클럽에 가입된 선수들이 따로 모임을 갖는 것은 아니고, 명예만 주어질 뿐이다. 센트리클럽은 매우 합리적인 클럽이라고 할 수 있다.

축구는 골과 어시스트 등 공격 포인트가 숫자로 매겨져서 그 선수의 공격력을 객관적으로 평가하는 기준이 된다. 그러나 수비수는 공격 포인트를 올릴 기회가 많지 않아서 매우 불리하다. 출전시간으로 평가하기도 하지만, 출전시간만으로 그 선수를 평가하기에는 조금 미약하다. 그래서 공격수, 수비수, 미드필더 또는 골키퍼까지 포함해서 모든 선수를 객관적으로 평가할 수 있는 기준을 만든 게 출전경기 수를 계량화해서 A매치를 100경기 이상 치른 선수에게 '센트리클럽 가입'의 명예를 주게 된 것이다. 그러나 같은 A매치라도 한국 대 스페인의 월드컵 본선 같은 엄청나게 비중 있는 경기가 있는 반면, 한국 대 네팔의 친선경기 같은 그야말로 국내 경기만도 못한 경기도 있기도 하다.

아무튼 A매치는 국가대표팀 간의 공식, 비공식(평가전 등) 경기를 말하는데, 한 팀이 국가대표라도 상대팀이 올림픽 대표 또는 청소년대표나 클럽 팀이면 A매치로 쳐 주지 않는다. 그리고 같은 국가대표팀 간의 경기라도 FIFA가 인정한 규격의 축구장이 아니거나, 국제심판이 경기를 주관하지 않은 경우, 또는 교체 멤버를 규정 이상으로 많이 했을 경우 등은 A매치로 인정받지 못한다. 그러나 FIFA에서 주최하는 월드컵 본선이나 예선, 각 대륙축구연맹이 주최하는 대륙선수권 대회의 본선이나 예선 경기는 국가대표팀이 아닌 어느 팀이 참가해도 전부 A매치로 기록된다.

예를 들어서 2014 브라질 월드컵에 한국 대표로 FC 서울 단일팀이 출전한다면, 비록 국가대표팀이 아닌 클럽 팀이 출전하더라도 A매치로 취급된다. 전 세계적으로 A매치가 많이 열리는 특정한 날짜를 가리켜 'A match day'라고 한다. A매치 데이는 각 나라 국가대표 선수의 차출을 쉽게 하기 위해 FIFA에서 주로 유럽이나 남미의 클럽리그의 축구 일정을 참고로 연간 스케줄을 잡아 매년 미리 정한다.

한국 축구의 아이콘이었던 박지성 선수는 2000년 4월 5일 아시안컵 1차전 라오스전으로 A매치 데뷔전을 치른 후 2011년 1월 25일 카타르 아시안컵 일본과의 준결승전으로 꼭 100경기를 채워 센트리클럽에 가입했다. 박지성은 국가대표 10년 9개월 동안 A매치 100경기를 치르며 13골을 넣었고, 3회 연속 월드컵 본선에서 활약했는데, 2002 한일월드컵 포르투갈전, 2006 독일월드컵 프랑스전, 2010 남아공월드컵 그리스전 등 꼭 필요할 때마다 1골씩 넣으며 3번의 월드컵대회에서 3골을 기록했다.

박지성 선수는 '센트리클럽 가입'만을 기다려 왔다는 듯, 센트리클럽 가입 이후 2011 카타르 아시안컵 우즈베키스탄과의 3, 4위전에서 결장하면서 국가대표 은퇴를 선언했다.

한국선수로는 차범근(121경기)이 가장 먼저 센트리클럽에 가입했고, 이어서 홍명보(135), 황선홍(103), 유상철(122), 김태영(105), 이운재(135), 이영표(123) 그리고 박지성이 8번째로 가입했다.

A매치에서는 차범근이 55골을 넣어 가장 많은 골을 기록했고, 이운재가 유일하게 골키퍼로 가입되어 있다. 이운재

는 135경기에서 114골을 허용, 경기당 0.84의 놀라운 실점률을 기록했다.

A매치가 월드컵 본선 경기, 세계랭킹 1위와 200위 팀 간의 국가대표경기를 똑같이 취급하기 때문에 이제까지 센트리클럽에 가장 많이 가입된 선수를 보유한 나라를 살펴보면 의외의 기록이 나온다. 축구 강국 브라질, 이탈리아, 독일, 스페인, 아르헨티나, 포르투갈 등이 아닌 미국이다.

독일(당시 서독)의 축구황제 베켄바워가 최초로 센트리클럽(A매치 103경기)에 가입한 이후 FIFA 센트리클럽에 가입되어 있는 선수가 200명이 조금 못 되는 194명인데, 이 가운데 미국이 11명으로 가장 많고, 박지성이 8번째로 가입한 한국이 그 뒤를 따랐다. 그리고 스웨덴·이집트·멕시코가 각각 7명으로 공동 3위, 프랑스·독일(동독과 서독 포함)·사우디아라비아, 에스토니아 각 6명으로 공동 6위에 올라있다.

축구 강국일수록 그 나라에 뛰어난 선수들이 많아서 한 선수가 국가대표 경기에 100경기나 출전하는 게 어려운 모양이다. 축구 강국 가운데는 잉글랜드가 5명, 이탈리아 4명, 브라질과 아르헨티나, 스페인이 각각 3명이다. 그리고 2011 아시안컵축구대회 챔피언 일본은 4명뿐이다.

센트리클럽에 가입한 대표적인 선수를 보면, 잉글랜드 데이비드 베컴, 브라질의 카푸, 프랑스의 릴리앙 튀랑, 아르헨티나의 하비에르 자네티, 이탈리아의 파비오 칸나바로, 스페인의 라울, 일본의 나카자와 유지 등이다.

브라질의 축구황제 펠레(92경기, 77골), 월드컵 본선 15골의 신화를 작성한 브라질의 호나우두(97경기, 62골) 그리고 아르헨티나 축구의 신(神) 디에고 마라도나(90경기, 33골), 네덜란드 축구 전설 요한 크루이프(48경기, 33골), 헝가리의 왼발 스페셜리스트 푸스카스(84게임, 83골), 프랑스 예술축구의 원조 미셸 플라티니(72게임, 42골) 포르투갈의 영웅 에우제비오(74경기, 46골) 등 각국의 축구전설을 만든 선수들은 의외로 센트리클럽 가입 요건을 갖추지 못했다.

남자 선수 중 가장 많이 A매치에서 뛴 선수는 178경기에 출장한 사우디아라비아의 모하메드 알데아예아다. 여자 선수 중 최다 A매치 출전선수는 미국여자대표팀의 크리스틴 릴리다. 릴리는 1987년부터 24년 동안 무려 346차례의 A매치를 뛰었고 2010년 말에 은퇴했다.

A매치 최다 골은 이란의 축구영웅 알리 다에이가 기록하고 있다. 알리 다에이는 A매치 149경기에 무려 109골을 넣어서, A매치 100경기:100골의 금자탑을 쌓았다. 알리 다에이는 축구선수로는 장신인 196cm의 큰 키에 헤딩과 골 결정력이 뛰어났다. 1996년 아랍에미리트 아시안컵 8강전에서 한국에 4골을 퍼부어 이란이 한국에 6대 2로 역전승을

올리는데 결정적인 역할을 했다. 한국 축구가 A매치에서 한 선수에 4골을 허용한 것은 그 경기가 유일하다.

인저리 타임

수다쟁이 요기 베라

요기 베라는 메이저리그 역사상 최고의 수다쟁이 선수로 꼽힌다.

요기 베라는 1946년 뉴욕 양키스팀에 입단, 1963년까지 18년 동안 포수로 활약했었고, 1965년 뉴요 메츠에서 선수 생활을 마쳤다.

1951년과 54년에는 아메리칸리그 최우수선수로 뽑힐 정도로 야구를 잘했다. 그런데 얼마나 말이 많았는지, 타석에 들어서는 선수에게 일일이 말을 거는가 하면 안타를 치고 1루에 나가서도 1루수에게 끊임없이 말을 건넸다. 2루로 진루해서는 유격수와 2루수가 멀리 떨어져 있어서 말을 할 상대가 없으니까 혼자서 중얼중얼 거리곤 한다.

말을 거는 내용도 별 게 아니다. "오늘 날씨 좋지", "오늘 트루먼 대통령이 뉴욕에 온 다지", "내일 너희 팀 경기 없는데 너 뭐할 거니." 등등.

요기 베라는 말을 많이 해서 그런지 명언도 많이 남겼다. 9회 말 쓰리아웃까지 최선을 다하라는 뜻에서

"야구는 끝날 때까지 끝난 게 아니다"라는 말을 했는데, 이는 세계 야구사상 최고의 명언으로 꼽힌다. '야구는 9회 말 투 아웃부터'라는 말이 여기서 파생되어 나온 말이다.

자신의 능력을 객관적으로 잘 평가하라는 의미로 '5센트짜리 동전은 절대 10센트만큼의 가치가 없다'고 말했다.

다른 사람이 슬퍼할 때 곁에 있어 주는 것이 진정한 우정이라는 의미로 '다른 사람의 장례식에는 꼭 가라, 그렇지 않으면 그들은 네 장례식에 오지 않을 테니까'

또한 지나간 과거에 얽매어 미래를 간과(看過)하지 말라는 의미로 '미래는 지금껏 보아온 것과는 분명히 다르다'고 말했다. 지식보다 관찰. 즉 현장이 매우 중요하다는 의미로 '보기만 해도 많은 걸 알아낼 수 있다'고 말하기도 했다.

배반의 계절

배반을 당하는 것은 언제나 충격을 주고 큰 상처를 입는다. 그러나 가족에게 배반을 당하는 게 가장 큰 충격이라고 한다. 하지만 가족에게 당하는 것만큼 큰 충격을 받는 게 스승이 제자에게 배반을 당하는 것이다.

2010 벤쿠버 동계올림픽 여자 피겨 금메달을 일궈냈던 캐나다의 브라이언 오셔 코치와 김연아 선수의 결별에도 '배반'이라는 단어가 들어가 있어서 그들을 아끼며 사랑했던 사람들에게 엄청난 충격을 주기도 했다.

1983년, 1984년 LA올림픽을 앞두고 박종환 감독이 이끄는 국가대표 축구선수들이 태릉선수촌에서 훈련했다.

지금은 국가대표 축구선수들이 파주 트레이닝 센터에서 훈련하지만 당시까지만 해도 축구의 인프라가 부족해서 국가대표 선수들은 태릉선수촌 축구장과 웨이트 트레이닝 장을 이용해서 훈련했다.

그런데 박종환 감독은 1983년 멕시코 청소년축구선수권대회 4강 멤버에 약간의 선수를 보강한 멤버로 LA올림픽 국가대표팀을 구성했다.

'멕시코 4강' 신화의 주역은 김종부·김판근 등 20을 갓 넘은 어린 선수들이었다. 보강된 선수들은 '멕시코 4강'의 주역보다는 2~4살 이상이 더 많았던 최순호·최인영·변병주·박경훈·이태호 등이었다. 특히 최고참인 이태호는 당시 우리나이로 24살 이어서 '멕시코 4강' 주역보다 4살이나 더 많았다. 그런데 박종환 감독이 LA 올림픽 예선에 대비한 훈련을 '멕시코 4강' 주역 위주로 했고, 그래서 이태호·최순호 등 선배들을 소외감을 느껴야 했다.

이태호·최순호 등 선배들은 처음에는 약간의 불만이 있었는데, 시간이 흐르면서 소외감을 느끼기에 이르렀고, 후배들 앞에서 꾸중까지 듣자 자존심이 상한 나머지 탈출을 감행하기에 이른 것이다. 이태호·최순호 등 '태릉 탈출 5인방'은 스승을 배반한 대가로 '자격정지 3년'이라는 중징계를 당했다.

한창 뛰어야 할 축구선수가 자격정지 3년을 당했다는 것은 사실상 축구선수 생명이 끝나는 것을 의미했다.

그러나 '멕시코 4강' 멤버로 이뤄진 어린 축구국가대표 선수들은 태국에서 벌어진 LA올림픽 1차 예선을 간신히 통과하기는 했지만, 불안한 전력을 드러냈다.

불안을 느낀 대한축구협회는 '태릉 탈출 5인방'에게 대폭적인 감형을 해줘 올림픽 최종예선에 출전할 수 있었다.

프로야구에도 배반 사건이 있었다. 지금도 전설처럼 전해져 오고 있는 'OB(현 두산)베어스 5인방' 반란사건이다.

1994년 9월 4일 OB 베어스 선수들은 윤동균 감독의 강압적인 지도력에 항의, 박철순·장호연 등 고참선수 5명을 주축으로 집단 탈출을 했다.

9월 4일, OB 베어스 선수들은 군산에서 해태 타이거즈와 경기를 마치고 숙소인 전주 코아 호텔에서 미팅을 갖던 중 박철순·장호연·김상진·권명철·이광우·김형석·강영수·김상호 등 1군 주축선수 거의 모두가 윤동균 감독의 지도방침에 반발해서 팀을 이탈했다.

윤동균 감독은 해태 타이거즈에 패한 이유가 선수들의 정신상태가 흐트러졌기 때문이라며 매를 들어야겠다고 말했다. 그러자 주장 김상호를 비롯해서 박철순, 김형석 등 17명은 윤 감독의 이유 없는 체벌에 응할 수 없다는 뜻을 밝혔다. 선수들이 자신의 체벌에 항의하자 윤 감독은 홧김에 "그러면 저녁이나 먹고 서울로 올라가라."고 말하며 방문을 박차고 나갔다. 평소 윤 감독의 강압적인 지도 방침에 불만을 품었던 선수들은 즉시 전주 코아 호텔을 나와 대전역을 거쳐서 서울에 도착했다.

선수들은 잠실운동장 구단 사무실 옆에 주차해 둔 자신의 승용차를 타고 집으로 돌아간 후 이튿날 양평 플라자 콘도에 집결했다.

열흘 이상 프로야구계를 발칵 뒤집어 놓았던 'OB 베어스 5인방 반란사건'은 끝내 윤동균 감독의 옷을 벗겼다.

윤동균 감독은 반란사건이 일어난 지 꼭 열흘만인 9월 14일 감독에서 물러났고, 그때의 충격으로 20년이 지난 지금까지도 감독에 복귀하기는커녕 감독 물망에도 오르지 못하고 있다. 이후 '반란 5인방' 가운데 박철순·김형석·김상호·장호연은 벌금형을 받아 다시 OB 베어스 유니폼을 입었고, 강영수는 태평양 돌핀스팀으로 트레이드 되었다.

OB 베어스는 최주억 코치를 감독 대행으로 됐다가, 9월 27일 김성근 감독을 영입했고, 이듬해인 95년 '반란 5인방'을 주축으로 똘똘 뭉쳐서 정규리그 1위, 한국시리즈 우승을 차지했다.

선수 인생의 버저비터

농구는 축구·하키·핸드볼 등과는 달리 경기(또는 쿼터)가 끝나는 버저가 울리더라도 슈터의 손에서 공이 떠나 있으면 인플레이 상황으로 보고, 그 공이 바스켓 안으로 들어가면 골로 인정을 한다. 그래서 농구는 버저비터(Buzzer Beater)라는 게 있다.

국제농구연맹(FIBA)과 미국프로농구(NBA) 또는 한국프로농구연맹(KBL) 규정은 버저비터의 성공 여부는 심판이 판정하며 경기감독관과 계시요원에게 자문할 수 있고, 의견이 불일치할 경우 최종 선언은 주심이 맡도록 하고 있다.

농구의 버저비터는 가장 극적인 순간으로 가끔 나오고, 버저비터로 나온 골로 역전승을 올리는 짜릿한 순간은 그야말로 농구에서 절정의 순간이라고 할 수 있다.

그러나 2011년 1월 25일 창원실내체육관에서 벌어진 울산 모비스 대 창원 LG의 경기에서 나온 버저비터는 한국프로농구 사상 최악의 오심 가운데 하나로 남아있다.

당시 경기는 울산 모비스가 76대 78로 뒤진 4쿼터 종료 직전 송창용의 역전 3점 슛이 림을 몇 차례 튀기고 그대로 빨려 들어가 모비스의 극적인 역전승으로 마무리됐다. 그러나 리플레이 화면에서는 송창용의 오른쪽 발이 3점 라인을 밟은 것이 확인되었으나 심판은 3점 슛을 선언해 그대로 경기가 끝났다. 그래서 송창용의 2점을 3점으로 판단한 부심 김경민 심판과 이승무 심판에게는 본인의 관할 구역에서 발생된 상황을 인지하지 못했다는 사유로 출장정지 3주에 제재금 20만 원, 당시 주심이었던 장준혁 심판에게는 주심으로서 종료 상황에 신중히 대처하지 못했다는 사유로 출장정지 2주와 제재금 20만 원이 부과됐다.

그러면 농구는 아니지만 다른 종목에서 마치 농구의 버저비터 같은 행운을 맛본 선수는 누구일까? 메이저리그 출신 박찬호 선수를 꼽을 수 있다. 피츠버그 파이어리츠 중간계투였던 박찬호는 지난 2010년 10월 2일 플로리다 말린스와의 원정경기에 3대 1로 앞선 5회 말에 등판해 3이닝 동안 안타 없이 무려 삼진 6개를 솎아내며 무실점으로 막는 호투로 팀의 5대 1 승리를 이끌며 구원승을 챙겼다.

시즌 4승(3패)이자 메이저리그에서 17시즌 만에 챙긴 개인 통산 124승째. 이미 은퇴한 일본인 투수 노모 히데오(통산 123승)를 제치고 메이저리그의 아시아 출신 선수 통산 최

설렁설렁 스포츠

다승 기록을 새로 쓴 것이다.

박찬호는 1994년 LA 다저스에 입단해 17시즌을 뛰면서 467경기(선발 287경기)에 등판한 끝에 달성한 대기록이었다. 그러나 박찬호가 아시아선수 메이저리그 최다승을 세우기까지는 자신의 실력과 함께 행운이 따랐다.

그동안 공개적으로 박찬호의 아시아 최다승을 돕겠다던 존 러셀 감독이 화끈한 지원을 아끼지 않은 것이다. 러셀 감독은 1대 1로 맞선 5회 초 팀이 2점을 뽑아 승부를 뒤집자 4이닝 1실점으로 호투하던 선발투수 데니엘 메커천 투수를 내리고 박찬호를 바로 마운드에 올려 승리투수 요건을 갖춰줬다. 선발투수가 그것도 공 53개밖에 던지지 않은 투수를 승리투수 요건인 5회 이전에 내리는 것은 메이저리그에서는 좀처럼 볼 수 없는 장면이었다.

그러나 박찬호는 이후 3이닝을 6개의 삼진을 빼앗으며 호투, 승리투수 요건을 갖춰 행운과 함께 실력으로 승리를 따냈다.

황영조는 현역시절 8번밖에 풀코스를 완주하지 못했다. 올림픽 금메달도 풀코스 4번 만에 따낸 것이다.

한마디로 천재 선수였던 것이다.

국민마라토너 황영조는 부상으로 일찍 선수생활을 끝냈지만, 현역시절에 3번밖에 우승을 차지하지 못했는데, 그 3

승이 모두 의미 있는 종합스포츠 제전에서 올린 것이었다. 황영조는 1991세필드 하계 유니버시아드 마라톤에서 2시간 12분 40초로 생애 첫 우승을 차지했고, 1992바르셀로나 올림픽에서는 2시간 13분 23초로 금메달을 차지했다. 그리고 1994히로시마 아시안게임에 2시간 11분 13초로 금메달을 따내 자신의 '마라톤 3승'을 완성했다.

1980년대만 해도 한국 마라톤의 꿈은 2시간 15분 벽을 깨트리는 것이었다. 그래서 코오롱의 이동찬 회장이 2시간 15분벽을 깨트리는 선수에게 당시로는 어마어마한 상금인 5천만 원의 포상금을 내걸었다.

1984년 3월, 제55회 동아마라톤 대회에서 이홍렬 선수는 2시간 15분에서 더도 말고 덜도 말고, 딱 1초를 단축한 2시간 14분 59초로 1위를 차지하면서 5천만 원 상금의 주인공이 되었다. 만약 이홍렬이 1초만 늦어서 2시간 15분 00초를 기록했다면 상금을 탈 수 없었다.

당시 강남아파트 한 채가 5백만 원을 넘지 않을 때였다. 마라톤이지만 버저비터도 그렇게 극적인 마라톤 버저비터가 없었다.

별아 내 가슴에

프로스포츠 우승팀은 유니폼 가슴에 별을 단다.

한 번 우승을 한 팀은 별 1개, 세 차례 우승을 한 팀은 별 3개. 그러나 진짜 명문 팀은 별을 달지 않는다. 너무나 우승을 많이 해 별을 달 수 없기 때문이다. 아니 별을 달 필요가 없기 때문이다.

전 세계 프로야구팀 가운데는 메이저리그 뉴욕 양키스팀이 가장 많은 27개의 별을 달고 있다.

40번의 월드시리즈에서 27번의 우승을 차지했으니까 결승전에만 오르면 우승 확률이 67.5%나 된다.

뉴욕 양키스는 1949년부터 53년까지는 5번 연속 우승을 차지해, 연속 우승기록과 메이저리그 최다 연승 기록을 갖고 있다. 뉴욕 양키스팀에는 최고 명문 팀답게 메이저리그를 풍미한 전설적인 선수들이 즐비하다.

홈런왕의 대명사 베이브 루드, 마릴린 몬로와 애틋한 로맨스로 유명한 조 디마지오, 루 게릭 병으로 유명한 루 게릭 '야구는 끝날 때까지 끝난 게 아니다.'라는 명언을 남긴 요기 베라 포수, 마무리의 대명사 마리아노 리베라와 세계 프로스포츠 선수 가운데 최고 몸값을 자랑하는 알렉스 로드리게즈 등이다.

뉴욕 양키스는 지구상의 야구·축구·농구 등 모든 스포츠 팀을 통틀어 가장 비싼 팀이기도 하다.

뉴욕 양키스팀의 홈구장 양키스 스타디움은 메이저리그의 명소로 불린다. 뉴욕의 브롱스 주에 속해 있고, 2009년에 새로 지어졌고 51,000명을 수용한다.

일본 프로야구는 요미우리 자이언츠 팀이 22번 일본시리즈를 제패했다.

요미우리 자이언츠 팀은 34번 일본시리즈에 진출해서 22번을 이겼기 때문에 일본시리즈에 오르면 우승확률이 6할 7푼 7리로 뉴욕 양키스보다 약간 높다. 요미우리 자이언츠는 1965년부터 73년까지 9번 연속 우승을 차지해 'V 9'의 신화를 이룩하기도 했다.

프로리그에서 9번 연속 우승을 차지한 것은 축구·야구·미식축구·농구·배구 등 모든 구기 종목을 통틀어 요미우리 자이언츠가 유일하다. 요미우리 자이언츠는 9연패를 할 당시 감독·선수·프런트·팬 등이 혼연일체가 되었다.

당시 가와가미 데쓰하루 감독은 선수들에게 술과 여자

그리고 도박을 일절 접근하지 못하게 하는 등 철저한 관리 야구의 신봉자였다. 가와가미 감독은 요미우리 자이언츠팀을 9번 연속 우승시킨 후 은퇴를 했는데, 다른 팀에서 돈 보따리를 싸가지고 와서 감독을 맡아달라고 해도 '나는 영원한 요미우리 맨'이라며 평생을 야인(野人)으로 살고 있다.

당시 요미우리 자이언츠에는 868개의 세계 최다 홈런을 때린 왕정치가 3번, 일본 역대 최고의 타자 나가시마 시게오가 4번을 치며 막강한 ON 포를 구성했었다. 요미우리 자이언츠 홈구장은 1988년에 완공된 돔구장이다. 일본에서는 하나밖에 없는 에어돔 구장으로 내부기압을 외부보다 0.3% 높여 기압 차로써 지붕을 유지한다. 경기장의 크기는 좌우 길이 각각 100m, 중앙 길이 122m이다. 내·외야가 인조잔디로 되어 있다. 수용인원은 5만 명이고, 외형이 계란 같다고 해서 빅 에그(Big Egg)라고도 불린다.

유럽축구는 스페인 프리메라리그 레알 마드리드가 31번의 우승으로 최다 우승 기록을 갖고 있다. 레알 마드리드는 1960년 시즌부터 64년 시즌까지 리그 5연속 우승 기록도 갖고 있다.

레알 마드리드는 우승도 많이 했지만 유럽을 대표하는 슈퍼스타들을 많이 배출하기도 했다.

1902년 출범한 레알 마드리드 팀은 초창기에 펠레 이전

최고의 선수 헝가리의 푸스카스, 그리고 프랑스의 자존심 지네딘 지단, 잉글랜드의 멋쟁이 데이비드 베컴, 그리고 현재 포르투갈 역사상 최고의 선수라는 크리스티아누 호날두와 이케르 카시야스 골키퍼에 이르기까지……당대 최고의 선수를 보유하고 있다.

레알 마드리드 홈구장은 1947년 개장할 때는 누에보 카마르틴이라고 불렀다. 1953년 12만 명을 수요할 수 있을 정도로 크게 확장을 했다가 2003년 지금의 8만 400명을 수용할 수 있게 개조했다. 1955년부터 현재의 구장을 지을 때 구단주인 산티아고 베르나베우 구장으로 명명했다.

한국프로야구는 기아 타이거즈 팀이 해태 타이거즈 시절까지 포함해서 모두 10번 우승을 차지했고, 기아는 1986년부터 89년까지 4연패를 했었다. 기아에는 선동렬이라는 불멸의 투수가 있었고, 야구천재 이종범과 만능선수 김성한이 속해 있었다.

홈구장은 광주 무등야구장으로 2003년 7월 20일 SK 와이번스와 홈경기 때는 그라운드에 물방개가 출현해서 '물방개 구장'의 오명을 쓰기도 했다. 기아타이거즈는 2014년부터 25,000명을 수용하는 KIA 챔피언스필드 홈구장으로 사용한다.

월드컵 축구, 결승전 히스토리

1930년 1회 우루과이 대회부터 2014년 20회 브라질 대회까지 월드컵 우승 경험이 있는 나라는 브라질, 이탈리아, 독일, 우루과이, 영국, 아르헨티나, 프랑스, 스페인 등 8개국이고, 우승을 차지하지는 못했지만 결승전까지 올라갔던 나라는 스웨덴, 체코, 헝가리, 네덜란드를 포함하면 모두 12개국이다.

결승전 성적이 가장 좋은 나라는 역시 브라질이었다.

브라질은 결승전에 7차례 올라, 5승 2패를 기록하고 있다. 결승전에만 오르면 우승확률이 무려 71%나 된다.

이탈리아는 6번 결승전에 진출해서 4승 2패를 기록하고 있다.

이탈리아는 브라질에는 미치지 못하지만 결승전에 진출하면 우승확률이 66%로 매우 높다.

2014 브라질 월드컵 우승 국가 독일(서독포함)은 8차례 결승전에 올라 결승전을 치른 횟수는 가장 많지만, 4승 4패로 5할의 성적을 올리고 있다.

우루과이는 1930년 1회 우루과이 대회 결승전에서 아르헨티나를 4대2로 꺾고 월드컵 원년우승의 영광을 누리더니, 1950년 브라질월드컵 실질적인 결승전에서 홈팀 브라질에 2대1 역전승을 거두고 우승을 차지해 두 번 치른 결승전에서 100% 우승을 차지했다.

1978년 아르헨티나, 1986년 멕시코 대회 우승 국가 아르헨티나는 결승전 대비 우승확률이 5전 2승 3패로 40%에 그치고 있다.

잉글랜드는 1966년 홈에서 치른 영국월드컵 결승전에서 독일을 4대2로 제압하고 우승을 차지해 '원 샷 원 킬' 즉 한번 결승전에 올라 한번 우승을 차지하는 행운을 누렸다. 스페인도 2010년 남아공 월드컵에서 처음 결승전에 올라 연장접전 끝에 네덜란드를 1대0으로 물리치고 정상에 올라, 잉글랜드처럼 '원 샷 원 킬'에 성공했다.

프랑스는 1998년 프랑스 월드컵 결승전에서 브라질을 3대0으로 물리치고 첫 우승을 차지했고, 2006년 이탈리아 월드컵에서 개최국 이탈리아와 결승전을 벌였지만 승부차기로 패해 결승전 성적 2전 1승 1패를 기록하고 있다.

라이벌 I

만약 스포츠에 라이벌이 없다면, 마치 앙꼬 없는 빵 같이 싱거울 것이다. 라이벌이 아닌 일방적인 경기, 의미 없는 경기 그리고 승패를 예상할 수 있는 경기처럼 재미없는 것도 없다. 그러나 라이벌은 승부를 예측하기 어렵고, 또 두 팀은 다른 팀에게는 다 져도 너희 팀만은 이기겠다면서 목숨을 걸고 덤비기 때문에 언제나 흥미를 끈다. 그러면 지구촌에서 어떤 팀들이 라이벌을 형성하고 있을까?

FC 바르셀로나와 레알 마드리드의 경기는 바르셀로나와 마드리드 두 지역을 대표하는 팀 간의 경기가 아니다. 두 지역 간의 감정이 실린 감정싸움의 대리전인 것이다.

스페인의 지독한 프랑코 독재 시절 카타루냐(바르셀로나)인들이 카스티야(마드리드)를 향해 마음껏 소리를 질렀던 장소가 바로 바르셀로나 홈구장 '누캄'이었다.

카탈루냐 사람들은 40년간 독재를 해온 프랑코에게 언어, 자치권 등을 모두 박탈당했는데, 그 울분을 누캄에서 바르셀로나를 응원하면서 발산해 왔던 것이다.

스페인에서는 FC 바르셀로나와 레알 마드리드의 라이벌
전을 '엘 클라시코'라 부르는데, 루이스 피구가 바르셀로나
에서 마드리드로 거액을 받고 이적했을 때 바르셀로나 팬
들은 심한 배반감을 느껴, 피구가 누캄에서 경기하러 올 때
마다 상상을 초월하는 비난을 받아야 했다.

미국 프로야구 메이저리그에서는 뉴욕 양키스와 보스턴
레드삭스가 라이벌 관계를 형성해 오고 있다.

두 팀은 1920년 보스턴 레드삭스가 뉴욕 양키스에 베이
비 루드를 10만 달러를 받고 트레이드 하면서 앙숙 관계가
되었다. 추가로 35만 달러를 융자받는 조건을 내걸기는 했지
만 헐값에 전설적인 타자를 넘긴 보스턴 레드삭스는 이후
오랫동안 '베이비 루드 망령'에 시달려야 했다.

보스턴 레드삭스는 1920년 이전까지 4번이나 월드시리즈
를 제패했지만, 이후 86년만인 2004년 월드시리즈를 제패할
때까지 베이비 루드 망령에서 벗어나지 못했다. 당시 보스
턴 레드삭스는 아메리칸리그 챔피언 결정전에서 뉴욕 양키
스에 3연패 끝에 4연승의 기적적인 승리를 거두며 월드시
리즈에 올랐다.

한편 베이비 루드를 헐값에 사온 뉴욕 양키스는 1923년

처음으로 월드시리즈를 제패하더니 1927~1928년 월드시리즈 2연패에 성공했다. 이후 27번이나 월드시리즈 우승을 차지해 8번에 그친 보스턴 레드삭스를 압도하고 있다.

일본 프로야구 요미우리 자이언츠와 오승환 선수가 속해 있는 한신 타이거즈 팀도 엄청난 라이벌 관계다.

일본 프로야구에서 요미우리 자이언츠가 차지하는 비중은 거의 50%에 육박할 정도로 대단하지만, 요미우리 자이언츠에 대항할 팀이 한신 타이거즈 팀이기 때문이다. 더구나 일본의 수도인 도쿄를 대표하는 요미우리 자이언츠와 지방인 오사카를 대표하는 한신 타이거즈 팀의 지역감정도 라이벌이 된 이유라고 할 수 있다.

국내 프로야구는 잠실야구장을 공동으로 사용하고 있는 두산 베어스와 LG 트윈스의 라이벌의식이 대단하다.

서울을 대표하는 두 팀은 투수 로테이션을 상대팀 경기에 맞출 정도로 절대로 상대팀에 패해서는 안 된다는 생각을 갖고 있다. 그래서 두 라이벌의 3연전에 이어서 맞붙은 팀이 어부지리를 얻는 경우도 종종 생긴다.

국내 스포츠에서 연세대와 고려대의 정기전은 프로스포츠가 생기기 전부터 가장 볼 만한 스포츠 이벤트였다. 두 팀 간의 경기가 지금은 없어진 서울운동장에서 끝이 나면 이긴 팀은 종로, 패한 팀은 을지로를 관통하면서 시가행진을 벌이곤 했다. 또한 지방에도 라이벌 관계에 있는 팀들이 많다. 강원도의 강릉농고 대 강릉상고(현 강릉 제일고)의 축구 정기전, 부산의 경남고와 부산고의 야구 경기, 서울의 배재고와 양정고의 럭비 경기 등은 재학생들 뿐만 아니라 졸업생까지 지대한 관심을 갖는 라이벌전이다.

특히 강릉의 강릉농고, 강릉제일고의 정기전은 라이벌전을 갖기 한 달 전부터 강릉사람들이 관심을 갖기 시작한다. 라이벌전이 벌어지는 강릉종합운동장은 교통이 마비될 정도로 붐빈다.

그밖에 파키스탄과 인도의 필드하키 국가대항전, 스웨덴과 핀란드의 아이스하키, 잉글랜드와 뉴질랜드의 럭비 경기, 잉글랜드 프로축구 프리미어리그의 맨체스터 유나이티드 대 맨체스터 시티의 맨체스터 더비, 이탈리아 프로축구 세리에 A의 인터 밀란 대 AC 밀란의 밀란 더비, 한국과 일본의 축구, 농구, 배구, 야구, 핸드볼 등 각 종목 라이벌전 등은 항상 팬들의 가슴을 설레게 하는 빅카드라고 할 수 있다.

설렁설렁 스포츠

마라도나 교

축구 영웅 디에고 마라도나의 모국인 아르헨티나에는 마라도나를 믿는 '마라도나 교'가 있다.

마라도나를 광적으로 좋아하는 마라도나의 열성 팬인 바리오 라 타블라타라는 사람이 1998년 10월 30일에, 마라도나의 38번째 생일을 맞이하던 그 날 정확히 0시 15분에 창시했다.

디에고 마라도나를 신으로 숭배하는 이 종교는 그 기원이 로마 카톨릭에서 시작되었으며, '여호와를 영의 아버지로, 마라도나를 육체의 아버지로' 숭배하는 기본 이념을 갖고 있다. 마라도나 교는 전 세계 수십 개국에 수십만 명의 신도가 있는 것으로 알려져 있다.

마라도나 교는 마라도나의 생일인 10월 30일이 크리스마스이고, 1986년 멕시코월드컵 아르헨티나와 잉글랜드의 8강전에서 마라도나가 '신의 손' 사건을 일으킨 6월 22일이 오순절이다. 그런데 마라도나가 1994년 미국월드컵 도중 금지약물을 복용한 혐의를 받아서 월드컵에서 영구히 출전 정지를 당한 날은 왜 그냥 넘어간 건지.

마라도나 교는 마라도나가 사망하면 없어지는 걸까. 만약 마라도나가 죽더라도 존재한다면 사망일은 무슨 날이 될는지...

라이벌 2

　라이벌전은 구기 종목 안의 개인 간의 대결, 그리고 개인 종목에서의 맞대결 또는 기록 경쟁으로 이어진다.

　세계 프로복싱 역사에는 미국 헤비급 복서 무하마드 알리 대 조 프레이저의 라이벌전이 가장 유명하다. 두 선수는 아웃복싱의 무하마드 알리와 인파이팅의 조 프레이저의 맞대결인데다, 고릴라·검둥이 등 서로 감정이 상할 정도로 말싸움까지 했기 때문에 더욱 관심을 모았다. 세 차례 맞붙어서 2승 1패로 무하마드 알리가 이겼지만, 두 선수 간의 마지막 대결인 3차전은 프로복싱 역사에 길이 남아 있는 명승부로 전해져 오고 있다.

　1972년 3월에 벌어진 WBA, WBC 헤비급 통합 타이틀 매치는 챔피언 조 프레이저에 병역기피로 챔피언 타이틀을 박탈당했던 무하마드 알리의 복귀전이었다. 그러나 무하마드 알리는 수년간의 공백을 극복하지 못하고 황소처럼 파고드는 조 프레이저를 효과적으로 막지 못해서 판정패를 당했다. 무하마드 알리의 프로데뷔 첫 패배였다.

1974년 1월에 벌어진 2차전은 무하마드 알리가 머리를 숙이고 양 훅을 날리며 돌진하는 조 프레이저에게 수십 차례 카운터를 적중시켜 판정승을 거둬 두 선수는 1승 1패를 기록했다.

1975년 10월 3차전 경기는 필리핀 마닐라에서 열렸다. 섭씨 40도가 넘는 폭염 속에서 두 선수는 14라운드까지 한 치도 양보하지 않는 목숨을 건 사투를 벌였다. 경기는 무하마드 알리가 3~4점정도 리드를 해나가고 있어서 만약 판정까지 갔다면 무하마드의 승리가 예상되었다. 그러나 14라운드를 마친 조 프레이저가 양쪽 눈이 보이지 않는데다, 탈진한 상태까지 이르러 기권을 하는 바람에 14라운드 종료, 무하마드 알리의 TKO승으로 끝이 났다. 이 경기는 프로복싱 사상 가장 처절한, 박진감 넘치는 경기로 기록되어 오고 있다.

세계 축구계의 양대 산맥 펠레와 마라도나는 마치 물과 기름처럼 앙숙 관계다.

70대의 펠레와 40대의 마라도나 두 선수의 현역시절이 겹치지는 않아서 직접 맞대결한 적은 없지만, 항상 만나면 으르렁거렸다. 펠레는 마라도나에게 '머리와 오른발 쓰는 법을 배웠어야 했다.'며 마라도나가 1986 멕시코월드컵 잉글랜드와 8강전에서 왼손으로 골을 집어넣어 '신의 손' 파문을 일으킨 것을 빗대서 말을 하곤 한다.

그리고 펠레는 아르헨티나 최고선수는 디 스테파노이지 마라도나가 아니라고 약을 올린다. 스테파노는 레알 마드리드가 5번 우승을 차지하는데 결정적인 역할을 하면서 레알 마드리드팀 역사상 최고 선수로 알려져 있다.그러면 마라도나는 "펠레는 우물 안 개구리다. 현역시절에 유럽 무대에서 뛴 적도 없고 기껏해야 미국에서 선수생활을 했다. 월드컵 3번 우승은 자일징요 토스타오 등 훌륭한 팀 동료들 덕이었다."며 펠레를 깎아내렸다.

테니스계는 유난히 라이벌들이 많다.

그 가운데 2000년대 최고의 선수 스위스의 로저 페더러와 스페인의 라파엘 나달의 라이벌 관계가 재미있다. 로저 페더러가 라파엘 나달 보다 5살이 많지만, 페더러는 황제, 나달은 왼손천재로 불리면서 라이벌 관계를 형성했다.

페더러가 2004년부터 2008년까지 무려 237주 동안 세계랭킹 1위를 독주했는데, 페더러의 독주를 멈추게 한 것이 나달이다.

두 선수는 2008년 영국오픈 즉, 윔블던에서 정면으로 맞붙었는데, 당시 페더러는 잔디 코트 65연승, 윔블던 40연승을 올리고 있었고, 나달이 도전자로 나섰다.

1, 2세트는 6대 4로 나달이 이겼지만, 3세트와 4세트를 모두 7대 6으로 페더러가 이겼고, 마지막 5세트에서 나달이 페더러에 9대 7로 이기면서 4시간 48분 동안의 긴 드라마가 막이 내렸다. 페더러와 나달의 메이저대회 통산 성적은 페더러가 우세하지만 두 선수 간의 맞대결에서는 나달이 앞섰다.

김연아와 일본의 아사다 마오의 여자 피겨스케이팅 싱글에서의 맞대결은 두 선수뿐만 아니라 한일 간의 자존심 대결로 승화되었다.

세계선수권대회, 4대륙선수권대회, 그랑프리대회 등에서 두 선수는 여러 번 맞대결을 벌이면서 비슷한 승률을 올렸다. 그러나 2010벤쿠버 동계올림픽에서 김연아가 228.56점의 엄청난 점수로 금메달을 땄고, 아사다 마오는 김연아 보다 23점 50이나 적은 205.50에 그치면서 두 선수 간의 라이벌 대결은 김연아의 승리로 일단 막이 내렸다.

영호남을 대표하는 선동열과 최동원의 라이벌전도 **빼놓**을 수가 없다. 두 선수는 해태 타이거즈와 롯데 자이언츠를 대표하는 에이스로 3차례 맞대결을 펼쳐 1승 1무 1패, 승과 무승부 그리고 패를 사이좋게 나눠 가졌다. 지금도 두 선수

간의 강속구는 위력이 비슷했고, 최동원은 폭포 커브, 선동열은 슬라이더에서 우위를 보였다는 평가를 받고 있다. 두 선수는 1987년 5월 16일 각각 롯데와 해태의 선발투수로 나와 무려 15회까지 한 치도 양보하지 않는 투수전을 벌여 2대 2 무승부를 기록했다. 선동열은 15회 동안 232개의 공을 던져 7안타, 6사사구, 10탈삼진, 1폭투, 1보크, 2실점 2자책점을 기록했다. 최동원은 15이닝 동안 209개를 던져 11개의 안타를 얻어맞고 7개의 사사구, 8개의 삼진을 기록하며 2실점, 2자책점을 기록했다.

2.7g에서 650g까지

4년마다 열리는 월드컵 축구대회는 새로운 축구공을 탄생시키고 있다.

월드컵 초창기, 1회 우루과이 대회는 결승전에 오른 이웃나라 개최국 우루과이와 아르헨티나가 킥오프를 앞두고 서로 자기나라에서 만든 공을 사용하자고 우기는 바람에 토스를 한 결과 아르헨티나가 이겨서 전반전은 아르헨티나제, 후반전은 우루과이제 공으로 결승전을 치렀다. 그 결과 아르헨티나제 공으로 한 전반전은 아르헨티나가 우루과이에 2대 1로 앞섰고, 우루과이제 공으로 한 후반전은 우루과이가 3대 0으로 앞서 4대 2로 우루과이가 이겼다.

월드컵에서는 이후로도 1966 영국월드컵 때까지 공인구가 없이 개최국이 정하는 공으로 치러야 했다.

1970 멕시코월드컵 때 아디다스에서 만든 첫 공인구 '텔스타'가 나왔고, 이후 2002 한일월드컵 '피버노바'를 거쳐 2014 브라질월드컵 브라주카까지 진화했다.

미국 프로야구 메이저리그 공인구는 롤링스 제품을 사용하고 있다. 실제 경기에는 공장에서 나온 공을 그대로 쓰지 않고 러빙 머드(rubbing mud)라고 하는 흙으로 닦아서 주심에게 검사를 받는 과정을 거쳐 사용하게 된다. 러빙 머드는 뉴저지주 델라웨어 강변에서 나오는 흙으로 공의 광택을 지우는데 탁월한 효과가 있다. 다만 2천여m 고지대에 있는 쿠어스필드를 홈구장으로 이용하고 있는 콜로라도 로키즈 팀은 공의 반발력을 줄이기 위해 공을 냉장 보관했다가 사용하고 있다.

야구공은 돌처럼 딱딱하지만 100년이 넘는 메이저리그와 각각 60년과 30년이 넘는 역사를 자랑하는 일본과 한국 프로야구에서 경기 도중 공에 얻어맞고 사망한 경우는 메이저리그에서 딱 한번 밖에 없다. 야구장에서는 모든 선수가 긴장하고 있고, 글러브를 끼고 있기 때문에 사고가 나지 않는 것이다.

공에 대해서 민감하기는 배구도 다른 종목보다 더하면 더했지 덜하지 않다.

프로배구 V리그에서 2010~2011시즌부터 사용되고 있는 공인구도 '배구 판 자블라니'라는 소리를 들을 정도로 변화가 심해 수비수들이 곤욕을 치렀다고 한다. 앞으로도 배구계는 공의 반발력 등에 따라서 공격수보다는 수비수들이

설렁설렁 스포츠

어려움에 처하는 경우가 많이 나올 것 같다.

공의 변화에 따라서 작전 패턴이 달라진 종목도 있다. 탁구는 2000년부터 공의 크기를 지름 38mm에서 2mm 늘인 40mm로 크게 했다. 무게도 2.5g에서 2.7g으로 2g이 증가했다. 그때부터 공격성향의 펜 홀더가 수비 위주의 세이크 핸드에 밀리기 시작했다. 펜 홀드의 약점은 포 핸드와 백 핸드의 전환에 있다. 펜 홀드는 라켓을 펜을 잡듯이 쥐어야 하기 때문에 백을 치려면 손목을 꺾어 줘야 하는데, 그 전환이 느려진다. 세이크 핸드 선수들이 공의 방향을 백과 포로 자유자재로 바꾸면서 더욱 괴롭힐 수 있게 된 것이다. 반면 세이크 핸드의 약점은 백이나 포보다는 중앙에 있다. 그런데 펜 폴더가 세이크 핸드의 중앙 즉, 미들 쪽을 공격하는데, 공의 크기가 커져서 속도가 느려져서 방어하기가 수월해진 것이다.

구기 종목의 공 가운데 탁구공이 2.7g으로 가장 가벼운 공이라면, 농구공은 600g(최대 650g)으로 볼링공을 제외하고는 가장 무거운 공이라고 할 수 있다.

배드민턴 셔틀콕은 무게가 겨우 5g으로 구기 종목 가운데 탁구 다음으로 가볍다.

셔틀콕은 고무와 16개의 거위 털로 되어 있어서 구조상

저항력이 높기 때문에 날아 갈수록 스피드가 줄어든다. 그래서 선수의 라켓에 셔틀콕이 맞는 순간 최대 시속 332km의 엄청난 속도가 나지만, 상대 선수의 라켓에 닿을 즈음에는 100km 이하로 떨어진다. 그리고 코르크는 거위 깃털에 비해 공기에 의한 마찰력이 적기 때문에 셔틀콕을 치면 항상 코르크 부분이 앞쪽을 향해 날아가도록 되어 있다. 그래도 셔틀콕의 소모가 많아서 셔틀콕은 한 경기당 적게는 10개 많으면 20개까지 사용되어 야구공과 더불어 가장 많이 소모되고 있다.

필드하키나 아이스하키는 퍽을 사용하는데, 두께 2.54cm, 지름 7.62cm, 무게 156~170g으로, 딱딱한 고무원판으로 되어 있다. 퍽은 무척 딱딱하기 때문에 선수나 심판이 퍽에 얻어맞고 부상을 당하는 경우가 있다.

2010년 1월 30일 스웨덴 북부 솔레프테오 지방에서 청소년아이스하키 경기 도중에 심판이 하키 퍽에 맞아 사망했다. 당시 62세의 심판은 사고 당시 헬멧을 착용하고 있었으나 날아온 퍽이 헬멧이 끝나는 바로 아래 뒷목 상단을 강타당해 쓰러진 후 사망했다.

통가죽 고구마 모양으로 생긴 미식축구 사용구보다 럭비의 사용구가 약간 크다. 럭비공은 원주의 규격이 27cm ×

60cm인 공이다. 공의 무게는 보통 383g에서 440g사이다. 럭비공은 그야말로 어디로 튈지 모르는 게 매력이다. 그러나 공을 안고 뛰기에는 좋은 모양이다.

거스 히딩크

거스 히딩크 감독 시절의 얘기다. 히딩크 감독은 축구 실력 못지않게 유머실력도 수준급이었다. 구정을 며칠 앞두고 2002한일월드컵에 대비한 훈련을 마친 후 선수들이 식사하기 위해 모 호텔 식당에 모였다. 그런데 느닷없이 히딩크 감독이 설기현 선수에게 물었다. "미스터 설은 구정설야, 신정설야?", "......" 설기현은 처음에는 히딩크 감독이 무슨 말을 하는지 몰라 눈만 동그랗게 뜨고 대답을 하지 못했다. "신정 설, 구정 설 가운데 어느 거냐고?", "화란 설이요." 설기현은 갑자기 생각났다는 듯이 대답했다.

히딩크는 설기현의 설 자와 우리나라 구정, 신정의 설 자를 연관시켜서 설기현의 집에서는 구정 설을 지내는지, 아님 신정 설을 지내는 지 물어본 것이었다.

그런데 설기현이 재빨리 알아차리고는 화란 즉, 네덜란드처럼 신정 설을 쇤다고 대답한 것이었다. 그야말로 현문현답이었다.

사석(捨石) 작전

사석작전(捨石作戰)은 바둑에서 하수, 중수, 고수를 구분할 때 흔히 쓰인다.

자신의 돌을 버리면서 더 큰 이익을 취한다는 뜻인데, 사석작전을 모르면 하수(下手), 이해하면 중수(中手) 그리고 작전에 적극적으로 활용하면 고수(高手)라는 것이다.

스포츠에도 사석작전이 유효적절하게 쓰이는 경우가 가끔 있다.

카자흐스탄에서 벌어진 2011아스타나, 알마티 동계올림픽. 2011년 2월 2일 열린 남자 쇼트트랙 스피드스케이팅 1,000m의 강력한 금메달 후보는 한국의 성시백이었다.

성시백은 경기고 재학 시절부터 국가대표로 활약해 4년 전에 열린 2007 토리노 동계 유니버시아드에서 전 종목 석권(5관왕)이라는 쾌거를 달성하며 안현수의 뒤를 이을 한국 쇼트트랙의 대들보로 떠올랐다. 그러나 1년 전에 벌어진 2010 벤쿠버 동계올림픽에서 잇따른 불운으로 금메달을 눈

설렁설렁 스포츠

앞에서 놓쳤다.

  1,500m 결승에 이정수·이호석과 함께 나란히 출전한 성시백은 이정수에 이어 2위로 달리고 있었다. 한국의 금, 은, 동 싹쓸이가 눈앞에 보이는 듯했다. 그러나 결승선을 앞두고 이호석이 인코스로 추월을 시도하다가 성시백과 충돌해 두 선수가 함께 넘어지는 사고가 발생했다. 충돌을 피한 이정수는 금메달을 목에 걸 수 있었지만. 성시백의 올림픽 첫 메달의 꿈은 사라지고 말았다. 성시백의 불운은 500m에서도 이어졌다. 500m 종목의 세계 기록 보유자인 성시백은 결승에서 선두를 달리고 있었지만, 한국과 악연이 많은 오노의 반칙으로 또 한 번 넘어지는 사고를 당하고 말았다. 결국, 반칙을 범한 오노가 실격처리 되면서 3위로 들어 온 성시백은 은메달을 목에 걸 수 있었지만, 오노의 반칙이 없었다면 성시백은 당연히 금메달의 주인공이 됐을 것이다

  성시백은 아스타나, 알마티 동계 아시안게임에서 개인 종목은 1,000m 한 종목 만 출전한데다, 1년 전 벤쿠버 동계 올림픽에서 두 차례나 불운을 겪어서 잔뜩 독이 올라있었다. 그런데 한 나라에서 2명씩 출전한 가운데, 후배 엄천호가 준결승전에도 오르지 못하고 일찌감치 예선에서 탈락하면서 성시백의 불운이 예고되었다. 결승전에 우리나라는

성시백 한 명만 올랐고, 중국은 한지아량, 송웨이롱 그리고 일본의 우에무라 등 4명이 출전했다.

1,000m는 111.12m의 쇼트트랙을 9바퀴 도는 경기다. 첫 번째 바퀴부터 성시백과 한지아량이 약간 몸싸움을 벌였고, 곧 성시백은 4위로 처졌다. 성시백은 워낙 기량이 뛰어나 처음부터 치고 나가도 충분히 1위를 할 수 있었는데, 4위로 처졌다가 중반 이후에 선두로 나선다는 작전을 편 것이 실수라면 실수였다. 성시백은 3바퀴째부터 다시 선두로 치고 나가려 했고, 4바퀴째 인코스로 한지아량을 추월하다가 한지아량이 왼쪽 어깨로 고의로 미는 바람에 일본의 우에무라까지 걸고넘어지게 되었다. 레이스는 중국의 송웨이롱과 한지아량이 1, 2위로 들어왔지만, 비디오 판독결과 송웨이롱 금메달, 우에무라 은메달 그리고 성시백이 동메달, 중국의 한지아량 실격으로 처리되었다. 중국은 한지아량을 버리고 송웨이롱이 금메달을 따는 실리(實利)를 챙긴 것이다.

쇼트트랙 스피드스케이팅은 기록경기가 아니라 순위경쟁이기 때문에 억울하게 넘어지면 구제를 받는다. 그것이 고의든 우연이든 충돌이 발생하면 경기가 끝난 후 심판에 의해 가해자와 피해자가 구분되곤 한다. 그리고 가해자는 실격을 당하고 피해자는 어드밴티지 룰이 적용되어 구제를 받기도 하는 것이다. 그러나 메달 색깔을 결정하는 결승전

설렁설렁 스포츠

에서는 피해자의 어드밴티지 룰이 적용되지 못한다. 대신 실격 선수가 나오면 그 다음으로 들어온 선수가 메달의 주인공이 되는 것이다. 중국은 이런 룰을 이용해 사석작전을 편 것이다.

실제로 2002 솔트레이크 동계 올림픽에서는 남자 1,000m 결승에서 미국의 아폴로 안톤 오노, 중국의 리 지아준, 우리나라의 안현수가 모두 넘어지는 바람에 꼴찌로 들어오던 호주의 스티븐 브래드버리가 어부지리로 금메달의 주인공이 된 적도 있다.

86 서울 아시안게임에서는 아스타나, 알마티 동계아시안게임의 중국처럼 반칙을 하지는 않았지만, 우리나라가 중국(당시 중공)을 상대로 사석작전을 편 적이 있다.

1986년 9월 27일 과천 남서울대공원(12.8km)을 5바퀴 도는 64km 여자 사이클 개인도로는 세계적인 선수 중국 왕리의 금메달이 유력시 되는 가운데 한국 챔피언 김경숙이 왕리를 얼마나 따라 잡을 수 있느냐가 관건이었다. 그러나 왕리는 초반부터 치고나가는 한국의 바람잡이 김정화 선수를 따라가다가 지쳤고, 김경숙은 막판에 왕리를 따돌리고 금메달을 거머쥐었다. 왕리도 처음에는 김정화가 한국 팀의 버리는 카드라는 것을 알았지만, 버리는 카드치고는 50km를 넘어서면서도 앞서 가는 바람에 그대로 놔두다가는 안

되겠다고 판단, 무리하게 따라 붙다가 지친 것이다. 그러나 김경숙은 처음부터 후배 김정화가 바람잡이라는 것을 알았기 때문에 여유 있게 레이스를 전개할 수 있었다.

설렁설렁 스포츠

종교를 바꾼 선수들

종교가 스포츠에서 차지하는 비중은 절대적이다.

스포츠는 육체뿐만 아니라 정신의 극한(極限)을 다투게 마련이다. 그래서 미약한 존재인 인간은 종교의 유혹에서 자유로울 수가 없다. 그래서 많은 선수가 종교에 의지해서 선수생활을 한다.

물론 훈련 스케줄과 빡빡한 경기일정 때문에 종교행사에는 참석하지 못하지만, 대부분의 선수는 마음속의 절대자에 의지하고 있다. 그런데 선수생활을 하는 동안 종교를 바꾼 선수들도 있다.

대표적인 선수가 미국의 전설적인 프로복서 캐시어스 클레이다. 본명이 캐시어스 마셀루스 클레이 주니어였는데, 무하마드 알리로 바꾸었다. 캐시어스 클레이는 1960 로마 올림픽 라이트 헤비급 금메달리스트인데도 가는 곳마다 멸시하거나, 무시를 당하면서 흑인으로서의 한계를 느껴야 했다. 그는 결국 흑인으로서의 정체성을 확고히 하기 위해 자신의 종교를 기독교에서 이슬람교로 바꿨다. 당시 이슬람국가운동의 최고 지도자인 엘리야 무하마드는 세계챔피언 캐시어스 클레이에게 최고 영예를 부여했다. 무하마드 알리라는 이름을 부여한 것이다.

엘리야 무하마드가 당시 이슬람국가운동의 실력자인 말콤엑스에게도 부여하지 않은 이름을 캐시어스 클레이에게 부여한 것이다. 캐시어스 클레이에서 무하마드 알리로 개명(改名)한 뒤 기자를 만나서 자신의 이름이 바뀐 것을 알렸다. 그 자리에서 무하마드 알리는 "나는 알라를 믿고 평화를 믿습니다. 나는 백인이 사는 곳으로 이사를 할 생각도 없고, 더구나 백인 여자와는 결혼할 생각도 없습니다."

기독교 백인이 지배하는 미국에 도전장을 던진 것이다. 이후 알리는 베트남전 징집거부, 징역 5년 선고, 세계타이틀 박탈, 조 플레이저에 패배, 재기에 성공, 조지 포먼을 꺾고 세계타이틀 재탈환 등 갖은 우여곡절을 겪은 끝에 1981년 트레버 버빅에 패한 이후 링을 영원히 떠났다.

이후 파킨슨병을 앓아 쓸쓸한 노년을 보내다가, 1996애틀랜타 올림픽 성화 최종점화자로 깜짝 등장하여, 전 세계에 자유롭지 못한 손으로 성화를 점화하여 감동을 주었다. 무하마드 알리는 20세기 마지막 해인 1999년 미국의 스포츠 전문 격주간지 ≪스포츠일러스트레이트≫지로부터 '20세기 최고의 스포츠맨'으로 선정되었다.

미국 남자프로농구 NBA 역사상 가장 많은 골, 38,387골을 기록한 카림 압둘 자바의 원래 이름은 페르디난도 루이스 알신돌이다.

캐시어스 클레이가 흑인에 대한 정체성을 찾기 위해서 기독교에서 이슬람교로 개종을 해서 새로운 이름을 얻은 것과는 달리, 패르디난도 루이스 알신돌은 미국 명문대학 UCLA에 다닐 때 이슬람교에 심취해 이름마저 바꾼 것이다.

카림 압둘 자바는 키가 2m 19cm로 당시로는 미국 대학 농구 최장신 선수였다. 큰 키에도 불구하고 선천적으로 유순하고, 매사에 적극적이었기 때문에 이름도 그에 맞는 것으로 했다. 카림은 아랍어로 '착하다'는 뜻이고, 압둘은 '알라신의 종', 그리고 자바는 '강하다'는 의미를 갖고 있다. 개종한 카림 압둘 자바는 더욱 위력적인 선수가 되었다. 카림 압둘 자바의 슬램덩크는 당시 농구계에서는 공포의 무기였다. 자바가 슬램덩크 숫을 마구 터트리면서 팀이 독주를 하자, 다른 팀에서 이의를 제기하기에 이르렀다.

'자바가 슬램덩크로 너무 쉽게 득점을 올리고, 더 큰 이유는 농구대가 파손될 염려가 있다'는 이유였다. 결국 NBA는 슬램덩크를 금지하기에 이르렀다. 나중에는 다시 허용을 했지만, 자바가 얼마나 대단한 선수였는지 짐작케 하는 대목이다.

한편 종교는 경기력이나 선수생활을 하는 데 지장을 초래하는 경우도 있다.

NBA 선수였던 크리스 잭슨은 이슬람교로 개종을 해서 마무드 압둘라프로 불렸다. 그런데 압둘라프는 덴버 너게츠에서 뛰던 1995~1996시즌 '알라 신외의 다른 대상에게 경의를 표할 수 없다. 국기에 대해서 경례를 하는 것은 우상을 숭배하지 말라는 이슬람의 가르침에 어긋나는 것이다'라며 경기 전 성조기에 경례하는 것을 거부했다.

이를 두고 종교의 자유를 인정해야 한다는 의견과, 국가에 대한 모독으로 봐야한다는 의견이 대립했고, 결국 압둘라프는 NBA 사무국으로부터 1경기 출전정지를 당했다.

3장.

염불 보다 잿밥에......

염불보다 잿밥에......

'다음 대회부터는 총상금 1,000만 달러를 내 걸겠다.'

카타르 모하메드 빈 함만 아시아축구연맹(AFC) 회장은 2011 아시아축구선수권대회(아시안컵)가 끝난 직후 2015 호주 아시안컵 대회부터 1,000만 달러의 상금을 주겠다고 폭탄선언을 했다. 그러나 2015 호주아시안컵에서 우승과 준우승을 차지한 호주와 한국은 한 푼도 받지 못했다.

프로 스포츠맨은 경기에 출전한 보상으로 금전적인 수입을 올린다. 연금(월급), 상금, 보너스 등이다. 광고출연 보수나 강연료 등은 별도다.

연금과 보너스는 액수가 드러나지 않는 경우가 많지만, 상금은 세상에 투명하게 드러난 액수다. 그 가운데 축구의 상금이 가장 많다.

4년마다 지구촌을 떠들썩하게 하는 월드컵 축구는 돈 잔치라고 할 수 있다. 월드컵 축구의 TV 중계권료, 협찬금 등으로 막대한 수입을 챙기고 있는 국제축구연맹 FIFA가 많은

설렁설렁 스포츠

상금을 내걸고 있기 때문이다.

월드컵 예선은 FIFA에 가맹되어 있는 209개국이 대륙별 예선에 출전해서 32개 본선 진출팀을 가리는데, 2014브라질 월드컵 기준으로, 32강이라 불리는 본선에 오르면 대회 준비금 100만 달러를 받고, 조 예선 3경기 출전료로 800만 달러를 받아, 32강에 오르면 900만 달러의 상금을 확보한다. 그리고 16강에 오르면 900만 달러를 더 받고, 8강 1,800만 달러, 준결승 2,000만 달러, 준우승 2,400만 달러, 우승을 차지하면 3,300만 달러를 받는다.

역시 FIFA가 주관하는 세계클럽월드컵에도 많은 상금이 걸려 있다. 클럽월드컵은 유럽·아시아·남아메리카·북아메리카·오세아니아·아프리카 등 6대륙 대표와 개최국 등 7개 팀이 해마다 12월에 세계 최고의 클럽 팀을 가리는 대회다.

성남 일화의 예로 총상금 액수를 알아보면, 2010년 성남 일화는 모두 350만 달러의 상금을 받았다.

우선 아시아 클럽축구선수권대회 우승으로 150만 달러의 상금을 받았다. 그리고 클럽월드컵은 6위 100만 달러, 5위 150만 달러, 4위 200만 달러, 3위 250만 달러, 준우승 400만 달러, 우승팀에게는 500만 달러의 상금이 주어지는데, 4위를 했기 때문에 200만 달러를 추가로 받았다.

한국 프로축구는 2010년 기준으로 우승팀에게 3억 원, 준

우승 팀에게는 1억 5,000만 원의 상금을 주었다.

2006년 1회 대회를 시작한 야구의 월드컵 월드베이스볼 클래식(WBC)의 상금은 2회 대회를 기준으로, 대회에서 나온 방송 중계권료, 광고 수입금 등으로 얻는 전체 수익금을 순수 수익금(53%)과 상금(47%)으로 분류했다. 이 중 상금은 우승팀이 10%, 준 우승팀이 7%이며, 8강 진출팀(6팀)은 각 5%를 받는다. 또한, 순수 수익금은 대회 개최 이전 합의에 따라 메이저리그 사무국과 선수노조가 각각 17.5%를 나눠 갖고, 일본 7%, 한국 5%, 국제야구연맹(IBAF)에 5%가 배당된다. 1%는 기타 비용으로 쓰인다.

이에 따라 준우승을 차지한 한국은 순수 수익금 5%에 이어 상금 수입도 5%를 확보해 전체 수익의 10%가량을 차지해 약 300만 달러, 우승을 차지한 일본은 약 500만 달러의 상금을 챙겼다.

프로야구팀 상금은 액수가 정해져 있지 않고, 포스트시즌 입장 수입 중 최대 40%에 달하는 대회 운영비를 뺀 금액을 1~4위 팀에 나눠준다. 정규 시즌 1위는 20%를 먼저 받고, 또 한국시리즈에서 우승하면 포스트시즌 배당금의 50%를 가져갈 수 있다. 준우승은 25%, 3위와 4위는 각각 15%와 10%씩을 받는다. 2013년 우승팀 삼성라이온즈는 우승 배당금으로 33억 원을 받았다.

일본프로야구는 일본시리즈 4차전까지 수익 중 16.8%만을 우승 팀에게 지급한다. 2010년 우승팀 지바 롯데는 9,877만4,884엔(약 14억 원)을 배당금으로 받아 한국 프로야구 우승팀 SK 와이번스보다도 적었다.

개인 종목은 테니스 투어의 상금이 가장 많다.

윔블던이라 불리는 영국오픈 테니스 대회 등 프랑스, 호주, 미국 오픈 등 4대 메이저 테니스대회 상금이 가장 많다. 얼마 전까지 3세트로 승부를 가리는 여자부와 5세트의 남자부 상금이 달랐었으나, 이제는 남녀 상금이 똑같다. 2011 호주 오픈을 기준으로 1라운드 통과자는 2만 호주 달러(세금 전), 2라운드(3만2천 달러), 3라운드(5만 2500 달러), 4라운드(9만3천 달러), 5라운드(21만 달러), 준결승(42만 달러) 그리고 우승 220만 달러, 준우승 110만 달러의 상금이 주어졌다. 상금은 세금 약 10~30%를 공제하고 통장에 입금된다.

미국 남자프로골프(PGA)와 여자프로골프(LPGA)의 경우는 우승 상금이 차이가 나는데, PGA 우승 상금은 대략 50만 달러, LPGA는 20만 달러, 그리고 메이저대회는 그보다 두 배가량 된다. 우승상금에 세금(약 15%)과 5%(협회 발전기금 2.5%, 회원 복리 후생비 2.5%)를 빼면 선수의 몫인데, 선수 몫에 캐디피 등 대회 출전 경비 등을 제외하면 대략 60%를 가져

간다고 보면 된다.

최근에는 배드민턴의 상금도 많아졌다. 국제배드민턴 연맹은 슈퍼시리즈 12개 중 영국오픈, 코리아오픈 등 4개를 '프리미어 슈퍼시리즈'로 바꿔서 총상금이 100만 달러가 넘는다. 개인 단식 우승 상금 10만 달러, 복식도 9만 달러가 넘는다.

립스틱 짙게 바르고

　더 예뻐지고 싶은 마음은 스포츠 우먼이라도 일반 여성과 다르지 않다. 그러나 운동을 하는 여자에게 아름다움을 가꿀만한 환경이 좀처럼 주어지지 않는다.

　여자 선수에게 훈련과 경기출전 등으로 좀처럼 시간이 나지 않기도 하지만, '여자 선수가 몸에 칼을 대면 선수생활을 지속하기 어렵다'는 속설이 있기 때문이다.

　'창살 없는 감옥'이라고 불리는 국가대표 선수들이 훈련을 하는 태릉(진천)선수촌에도 여자 선수의 짙은 화장은 금기처럼 되어 있다. 심지어는 '여자 선수가 입술에 립스틱을 바르기 시작하면 선수생명은 끝난 거야'라는 말이 있다.

　운동하는 여자들이 화장만 짙게 해도 손가락질을 받는 분위기인데 하물며 성형수술을 한다는 것은 상상도 할 수 없다.

　그러나 2명의 선수가 금기를 깼다. 여자 펜싱의 남현희 선수와 여자 프로농구의 김단비 선수다. 남현희 선수는

2005년 말, 12월 30일부터 1월 10일 사이에 국가대표 훈련이 없는 10여 일 간을 이용해서 쌍꺼풀 수술을 받으러 성형외과를 찾았다. 남현희는 의사와 상담을 하면서 평소 궁금했던 것을 물었다.

"제가 쌍꺼풀 말고 어디를 더 고치면 예뻐질까요?"

"볼에 지방을 넣으면 훨씬 나을 것 같다."

남현희는 쌍꺼풀 수술과 볼 지방 흡입을 하면 휴가기간 열흘 정도로는 시간이 부족하기에 고민을 했다.

그러나 쌍꺼풀 수술과 볼 지방흡입을 시차를 두지 않고 한꺼번에 하면 괜찮을 것 같은 생각이 들었다.

남현희는 의사에게 물었다.

"두 가지(눈, 볼) 수술을 한꺼번에 하면 며칠이면 정상으로 돌아오나요?"

"한 3~4일 정도......"

남현희는 의사의 말만 믿고 일을 저질러 벌였다. 그런데 의사의 말과는 달리 태릉선수촌 복귀 시간인 열흘이 다 되어도 부기가 빠지지 않았다.

남현희는 태릉선수촌 입촌을 미룰 수밖에 없었고, 대한펜싱협회는 남현희가 태릉선수촌 입촌을 늦춘 이유를 알게 되고 징계를 내렸다.

남현희는 처음에는 '성형수술로 인한 훈련 소홀'로 2년간

알쏭달쏭 스포츠

국가대표 자격정지 처분을 받았지만, 나중에 6개월로 감형이 되었다.

남현희는 성형수술을 받은 이후 더욱 좋은 성적을 올려, 2008 베이징 올림픽 여자개인전 은메달, 2006 도하 아시안게임, 2010 광저우 아시안게임 개인, 단체전 금메달로 2대회 연속 2관왕을 차지했다. 성형수술을 받은 후 아시안게임 금메달 4개와 올림픽 은메달이라는 엄청난 성적을 올린 것이다.

남현희는 운동선수가 아닌 보통 여성보다도 작은 체격(1m 55cm)이라는 불리함을 극복하고 한국 여자펜싱 사상 최고의 선수로 우뚝 서 있다.

여자 프로농구에는 유난히 미인들이 많다.

KDB 생명의 이경은 '얼짱 가드', KDB 생명의 신정자는 '미녀 센터', 그리고 신한은행의 김단비는 '절세 포드'로 불린다. '절세 포드'는 '절세미인'에서 따 온 말로 포드 가운데 절세미인이라는 말인데, 농구 포지션 가운데 포드들이 가장 예쁘기 때문에 사실상 농구계에서 가장 미인인 셈이다.

김단비는 1m 80cm의 슈퍼모델급 체격에 눈, 코, 입이 잘 조화를 이룬 완벽한 미모를 자랑한다. 그런데 김단비는 2009년 말까지만 해도 매부리코 선수였다. 농구 경기를 하던 중에 몸싸움을 하다가 콧등 뼈를 다치는 바람에 콧등에 뼈가 약간 튀어나왔다. 완벽한 미모임에도 불구하고 유일한 단점인 콧등 뼈를 마음 아프게 생각하고 있던 신한은행의 임달식 감독이 평소에 김단비에게 농담처럼 말했다.

"단비야 우리 신한은행이 4연패 하면 너 콧등 뼈 수술해 줄게"

"......"

"정말이야."

"네, 그럼......"

김단비는 임 감독의 말을 농담 반 진담 반으로 들었다. 그런데 2009~2010시즌, 신한은행이 여자 프로농구 4연패를 차지했다. 약속대로 임달식 감독은 김단비를 성형외과에 데려가 콧등 뼈를 수술해 주었다. 김단비는 감독이 직접 성형외과를 데려간 것이기 때문에 펜싱의 남현희와는 달리 징계고 뭐고 따질 필요가 없었다. 김단비는 콧등 뼈를 잘라낸 뒤 처음 국가대표로 선발되어, 2010 광저우 아시안게임에 출전해서 은메달을 목에 걸었다. 여자선수들이 성형수술해서 더 예뻐지면 실력이 더 좋아지는 이유는 뭘까?

러너스 하이

스포츠의학 용어 중에 러너스 하이(Runners high)라는 것이 있다. 이 용어는 미국 캘리포니아대의 심리학자인 아놀드 맨델이 지난 1979년 발표한 정신과학 논문에서 처음 소개됐다. 러너스 하이는 마라톤을 중간 정도의 속도로 30분 이상 계속할 때 느껴지는 행복감을 말한다. 달리기 시작한 후 처음에는 고통스럽지만 30분 이상 지나면 호흡이 안정되면서 상쾌감 체험을 하게 된다.

육상 선수(아마추어 포함) 가운데는 '러너스 하이' 쾌감을 느끼기 위해 달리는 사람들도 많이 있다. 그러나 러너스 하이가 선수들의 부상을 초래한다는 이론도 있다.

축구, 농구, 야구, 육상, 수영 등 대부분의 종목 선수들이 자신들의 부상을 숨기고 경기에 출전해서 좋은 성적을 올리는 쾌감을 '베이스볼 하이', '바스켓 볼 하이'라고 부르곤 한다. 그런데 그런 쾌감을 느끼기 위해서 무리하다 보면, 씻을 수 없는 부상으로 이어져 결국 경기력 저하를 가져오고, 결국 조기 은퇴에 이른다는 것이다.

앗! 파킨슨병 걸린 알리가

올림픽 성화는 1928 암스테르담 올림픽부터 등장했다.

암스테르담 올림픽 메인스타디움 마라톤 탑에, 확성기를 달아놓았고, 탑 위에 커다란 돌 접시를 얹어 놓았다. 그 돌 접시에 대회 기간 중 성화를 점화해 타오르게 한 것이다.

성화가 타오르는 탑 아래 작은 석조 아치를 세우고 그 정면에 오륜기와 '보다 빠르게, 보다 높게, 보다 힘차게'의 올림픽 표어를 새겨 놓았다. 성화 채화와 성화 봉송 그리고 성화 점화는 히틀러의 아이디어였다. 히틀러는 제2차 세계대전을 일으켜 1940년, 44년 올림픽을 취소시킨 장본인인데, 올림픽의 상징, 성화 채화 등의 아이디어를 냈다는 것은 아이러니 한 일이 아닐 수 없다.

1936년 7월 20일 낮 12시.

그리스의 올림피아 산 정상에서 작렬하는 태양으로부터 확대경으로 현대 올림픽 최초의 성화가 채화되었다.

붉게 타오르기 시작한 올림픽 횃불은 올림피아를 출발,

그리스, 불가리아, 유고슬라비아, 헝가리, 오스트리아, 체코슬로바키아를 거쳐 올림픽이 열릴 예정인 독일 땅에 도착했다. 그리고 8월 1일 베를린 올림픽 스타디움 성화 점화대로 옮겨져서 1936 베를린 올림픽을 알리는 성화를 밝히기 시작했다. 베를린 올림픽에서 올림픽 사상 처음 등장한 성화는 3,075명의 주자가 1km씩 날랐다. 베를린 올림픽 성화는 개막 첫날부터 폐막식 날까지 16일 동안 활활 타올랐다.

이후 성화는 올림픽뿐만 아니라 아시안게임 등 각 대륙 종합 스포츠제전, 그리고 각국의 국내대회에도 빠지지 않고 등장하고 있다.

성화는 각종 대회에서 채화된 후 수많은 사람의 봉송을 거쳐 개막식 날 메인스타디움에 도착하고, 성화대 앞에 도착할 때까지 대회 분위기를 고조시키다가 성화대에 점화되기 직전 절정에 다다른다.

과연 누가 성화의 최종점화자가 되느냐?

이제까지 가장 극적인 장면은 1996 애틀랜타 올림픽이었다. 프로복싱 사상 최고의 선수라는 무하마드 알리가 깜짝 나타난 것이다. 무하마드 알리는 현역시절 '나비같이 날아서 벌 같이 쏜다'면서 헤비급 복서지만 미들급 또는 라이트급 선수의 스피드를 자랑하며 링 위를 주름잡았던 선수였다. 그러나 파킨슨병으로 거동조차 불편했던 알리가 애틀랜타올림픽 개막식 날 어둠 속에서 나타나 부들부들 떨리는 손으로 성화에 불을 붙이는 순간 전 세계 시청자는 진한 감동을 느꼈다.

성화 최종 점화자 다음으로 관심을 끄는 게 성화 점화 방식이다. 이제까지 대회 가운데 가장 극적인 순간은 1992년 바르셀로나 올림픽 성화 점화 방식이었다.

92 바르셀로나 대회 땐 휠체어를 탄 장애인 올림픽 양궁 선수 안토니오 레볼로가 몬주익 불화살을 쐈다.

사실 화살은 목표에서 약 1.6m 정도 빗나갔다. 올림픽 성화가 채화되지 않은 망신을 당하게 된 것이다.

그러나 관리인이 화살이 빗나갈 것에 대비하여 미리 가스 밸브를 열어 둬서 화살이 가스층을 스치며 극적으로 점화가 되었고, 빗나간 화살은 메인스타디움 뒤 주차장으로 떨어졌다.

2000 시드니 올림픽은 물속의 성화대에 점화를 한 후 물속에서 타오르던 성화가 성화대와 함께 솟아오르는 불과 물의 조화를 연출하기도 했다.

1988 서울 올림픽까지는 성화 점화와 함께 평화를 상징하는 비둘기를 날렸다. 그러나 88 서울 올림픽 개막식 때 메인스타디움 상공을 날던 비둘기가 성화가 점화되는 순간 성화대로 날아들어 산 채로 화염에 갇힌 채 타들어 가는 뜻

하지 않은 사고가 일어났다. 이를 보고 깜짝 놀란 1992 바르셀로나 올림픽 조직위원회는 개막식 때 비둘기를 날리지 않고 폐막식 때 비둘기를 날리는 것으로 변경했다. 이후 올림픽 등 각종 대회 개막식의 비둘기 날리기가 사라졌다.

성화대는 1928 암스테르담 올림픽, 1932년 LA올림픽 등 초창기에는 사람 키를 약간 넘기는 약 2m 또는 3m 정도의 높이였다. 그러다가 1952 헬싱키 올림픽부터 '올림픽 헌장'으로 규정해 대회 주요행사의 하나가 되었다. 이제는 성화대도 수십 미터로 높아졌고, 대회마다 하이라이트가 되고 있다.

스포츠의 감초, 세러모니

세러모니는 지구상에 스포츠가 존재할 때부터 있어 왔다. 그것이 어떤 형태의 세러모니건 말이다. 세러모니는 스포츠의 양념 같은 존재다.

만약 스포츠에 세러모니가 없다면 얼마나 싱거울까? 스포츠의 모든 종목에는 약간의 차이가 있기는 하지만 세러모니가 있다. 그것이 골이건, 승리의 순간 또는 우승의 순간이건 상관없다. 세러모니는 승리(혹은 골을 넣은)자의 특권이다. 패배자의 세러모니는 없다.

그러나 세러모니가 특히 관심을 모으기 시작한 것은 1994 미국 월드컵 브라질 대 네덜란드의 8강전이었다. 당시 브라질은 통산 4번째 우승을 노리고 있었고, 네덜란드는 첫 우승에 목이 말라 있었다. 1994년 7월 9일 미식축구장인 코튼 볼 스타디움에서 벌어진 브라질 대 네덜란드의 8강전에는 7만에 가까운 63,998명의 대관중이 몰려들었다. 주심은 코스타리카의 바닐라, 부심은 알가탄(바레인)과 파나에이(이란)가 각각 맡았다. 전반전은 득점 없이 0대 0으로 끝났다. 그러나 후반전에는 많은 골이 터졌다. 후반 7분 브라질의 호마리오가 선제골을 넣어 1대 0으로 앞서나가기 시작했다. 그로부터 불과 10분 후인 후반 17분에 호마리오의 패스를 받아 베베토가 추가 골을 넣어 브라질이 2대 0으로 앞서가기 시작했다.

바로 추가 골을 넣은 베베토가 그 유명한 '아기 어르기' 골 세러모니를 한 것이다. 미국 월드컵이 열리기 직전 아들을 얻은 베베토는 엔드라인 쪽으로 달려가 두 팔로 요람을 흔드는 동작을 취했고, 호마리오 등 동료 선수들이 그 동작을 따라하면서 합동 골 세러모니를 펼쳤다.

이 경기는 결국 브라질이 펠레 스코어인 3대 2로 이겼고, 브라질은 결승전까지 올라, 이탈리아와 0대 0으로 비긴 후 승부차기에서 이탈리아의 세계적인 골게터 로베르토 바조의 실축에 힘입어 3대 2로 이기고 월드컵 4번째 우승을 차지했다. 베베토로서는 '월드컵 복덩이'를 낳은 셈이다.

한국 팬에게 가장 인상적인 골 세러모니는 2002 한일월드컵 한국 대 미국전 안정환의 골 세러모니이다. 한국은 미국에 0대 1로 끌려가다가 안정환 선수가 극적인 동점골을 티트렸는데, 골을 터트린 안정환 선수 등 한국선수들은 나란히 쇼트트랙 스피드스케이팅 선수 흉내를 냈고, 안정환의 뒤를 따르던 이천수가 할리우드 액션을 취함으로써 절정에 이르렀다.

안정환의 쇼트트랙 스피드스케이팅 세러모니는 그해 2월 미국에서 열렸던 솔트레이크 시티 동계올림픽 쇼트트랙 스피드스케이팅 남자 1,500m 결승전에서 선두를 달리던 김동성의 뒤를 따르던 미국의 안톤 오노가, 김동성이 진로 방해를 했다는 듯 뒤에서 할리우드 액션을 취해 결국 1위로 들어온 김동성의 금메달이 취소되고, 2위로 들어온 안톤 오노가 금메달을 땄는데, 안정환 등 한국선수들이 미국과의 경기에서 골을 터트리면 그 장면을 재현하는 골 세러모니를 펼치자고 약속을 했었던 것이다.

2015년 2월 22일 잉글랜드 프리미어리그 스완지시티 대 멘체스터 유나이티드 경기에서 기성용(스완지시티)선수가 시즌 5호골을 터트리면서 부인 한혜진 씨의 임신을 축하하는 의미의 젖병 세러모니를 해서 화제를 모으기도 했다.

세러모니도 지나치면 징계를 받는다. 심판은 세러모니를 하면서 시간을 너무 끌거나, 웃통을 벗는 등의 일탈적인 행동을 하면 옐로 카드를 준다.

프랑스 AS 모나코 시절의 박주영 선수는 기도 세러모니를 펼치다 부상을 당해 2011 카타르 아시안컵 축구대회에 출전하지 못했었다.

박주영은 2010년 12월 23일 벌어진 FC 소쇼와의 정규리
그 경기에서 후반 추가시간에 극적인 결승골을 터트린 후
으레 그랬듯이 터치라인 쪽으로 달려가 무릎을 꿇고 기도
하는 세러모니를 펼쳤는데, 그 과정에 팀의 동료선서들이
일제히 박주영의 몸 위로 올라타서 축하해 주는 순간, 무릎
에 무리한 힘이 가해지는 바람에 무릎 뼈를 다쳐 아시안컵
대회에 나지지 못했음은 물론, 거의 한 달간 경기에 출전하
지 못했다. 그래서 일부 팬들은 박주영이 기도 세러모니를
하되, 그라운드에서 무릎까지 꿇지는 말고, 천주교 신자가
성호를 긋듯이 살짝 십자가를 그리는 것으로 대신하면 어
떨까? 하는 아쉬움을 토로하는 사람도 많다.

축구뿐만 아니라 모든 스포츠에 세러모니가 있다. 격정
의 세러모니는 본인뿐만 아니라 관중이나 TV로 경기를 시
청하는 시청자들에게 엄청난 즐거움을 주는 게 사실이다.
그러나 세러모니를 하되 상대팀(선수들)에 굴욕감을 주거나,
불쾌감을 주는 등의 지나친 행동은 삼가야 할 것이다.

조오련의 100점짜리 인터뷰

조오련은 1970방콕 아시안게임과 1974테헤란 아시안게임 남자 수영 자유형 400m와 1,500m 2관왕 2연패를 해서 일본 수영의 코를 납작하게 했었다.

조오련은 2번째 2관왕에 도전했었던 테헤란 아시안게임 때는, 미리 준비한 하얀 한복에 머리에는 태극마크의 흰 띠를 두르고 시상대에 올라 금메달을 목에 걸었다. 조오련의 한복 세러모니는 88서울 올림픽 남자유도 금메달리스트 김재엽이 벤치마킹을 하기도 했다. 조오련은 쇼맨십만 있었던 게 아니다. 74테헤란 아시안게임에서 금메달을 딴 후 방송에 출연해 훌륭한 말을 남겼다.

"일찍이 케네디 대통령은 국가가 여러분을 위해 무엇을 해 줄 것인가를 묻기 전에 국가를 위해 어떻게 봉사할 것인가를 생각하라고 말한 적이 있습니다. (수영국가대표 선수인)내가 조국에 봉사할 수 있는 길은 많은 메달을 따는 것이라 믿고 열심히 훈련을 한 결과 좋은 성적을 내서 만족스럽게 생각합니다. 이 영광을 나를 성원하고 뒷바라지 한 선배, 동료, 국민들과 나누고 싶습니다."

조오련은 은퇴 후에 도버해협, 대한해협, 한강 종단 등 두 아들과 교대로 울릉도에서 독도까지 수영으로 가는 등 꾸준히 도전했고, 2009년 8월 4일 심장마비로 사망하기 직전에도 2차 대한해협에 도전하기 위해 훈련을 하는 중이었다.

섹스도 섹스 나름

오래 전부터 스포츠와 섹스의 상관관계는 '스포츠 생리학'의 화두(話頭)였다.

마치 '닭이 먼저냐 알이 먼저냐'의 논쟁처럼, 섹스가 스포츠에 긍정적이냐 부정적이냐는 스포츠 생리학이 극도로 발달한 아직도 답이 나오지 않고 있다.

2010 남아공 월드컵 대회를 앞두고 재미있는 통계가 있었다. 남아공월드컵 대회에 출전한 각국의 감독들은 저마다 자신의 신념(섹스관)을 실천했다. (한국의 허정무 감독은 매우 보수적이어서 대회가 끝날 때까지 일절 허용하지 않았다)

그런데 아르헨티나(마라도나 감독), 브라질(둥가 감독) 등 남미 국가들은 '섹스도 사생활'이라면서 선수 개개인의 판단에 맡겼다. 그러나 잉글랜드 등 유럽파들은 대부분 허용하지 않았다. 특히 잉글랜드의 파비오 카펠로 감독, 프랑스의 레몽 도메니크 감독 등은 대회 기간 동안 왝스(WAGS)라 불리는 선수들의 아내와 여자친구와의 접촉을 철저하게 금지했다. 그러니까 남미 팀들은 비교적 섹스로부터 자유로웠고, 유럽 팀들은 통제를 받았다. 그런데 결과가 매우 재미있게 나타났다.

예선에서는 섹스를 억제한 프랑스, 잉글랜드 등이 16강 진출에 실패하고 일찌감치 보따리를 쌌다. 그러나 섹스를 방임한 아르헨티나, 브라질 등은 당당하게 2라운드(16강)에 진출했다.

하지만 아르헨티나는 8강전에서 독일에 0대 4로 대패를 당했고, 브라질도 8강전에서 네덜란드에 2대 1로 역전패를 당해 탈락했다. 남아공월드컵 4강은 남미 1팀(우루과이), 유럽 3팀(스페인, 네덜란드, 독일)이 올랐고 결승전은 스페인 대 네덜란드의 유럽 팀끼리 맞붙었다. 남아공월드컵의 결과를 보면, 축구와 섹스는 일시적으로는 괜찮지만, 장기적으로는 좋지 않은 셈이다.

스포츠와 섹스. 문제는 시간 차인 것 같다. 스포츠에서 말하는 섹스는 대개 경기 하루 전의 섹스를 말하는 경우가 많다.

축구 같은 격렬한 스포츠도 국제축구연맹(FIFA)은 2일(48시간)이면 회복이 가능하다고 보고, 축구 경기를 치른 후 48시간 이내에는 다음 경기 일정을 잡지 않도록 권고하고 있다. 흔히 섹스를 운동과 비교해서 '대략 30분 정도'에 성관계는

설렁설렁 스포츠

심폐기능을 향상해 뇌졸중이나 심장병의 위험을 줄이고, 혈액순환을 잘 되게 하는 긍정적인 효과가 있다고 한다. 다만 육체적으로 힘을 써야 하기 때문에 약 300kcal의 에너지가 소모된다고 한다. 육상으로 환산하면 4~5km 자신이 달릴 수 있는 중간 정도의 스피드로 뛰는 것과 같은 효과라고 할 수 있다.

결국, 경기 하루 전의 섹스는 종목별로 차이가 있다고 할 수 있다. 종목이 신체의 어느 부위에 힘을 써야 하느냐, 여자선수냐 남자선수냐에 따라 다를 수 있기 때문이다.

스포츠 생리학자들은 다리를 많이 쓰는 종목 즉, 축구나 육상 같은 종목은 도움이 되지 않는 것으로 보고 있다.

남성 호르몬인 테스토스테론의 농도가 줄어들기 때문이다. 섹스할 때 테스토스테론이 많이 생성되는데, 테스토스테론의 농도가 줄어들면 공격적인 힘이 약해질 뿐만 아니라 옥시토신과 바소프레신의 분비로 몸이 피곤해진다. 만약 이튿날 그 피곤한 상태가 완전히 회복되지 않은 채 경기에 임하면 아무래도 경기력이 떨어질 수밖에 없기 때문이다. 그러나 팔과 손을 많이 쓰는 탁구, 배드민턴, 테니스라든가 전신 운동인 수영 등은 축구나 육상보다 덜 영향을 받는다. 그러나 여성의 경우는 남성의 반대다. 여성은 섹스를 하면 평소 때는 별로 나오지 않던 테스토스테론이 더 많이 생성된다. 없던 힘이 나오는 것이다. 그래서 발을 많이 쓰는 육상이나 여자축구 선수들에게 오히려 도움이 되는 것이다. 탁구, 배드민턴 등 다른 종목은 말할 것도 없으며, 멘탈 스포츠인 사격, 양궁 또는 골프 같은 종목은 전날 섹스를 하면, 아무래도 푹 잘 수 있기 때문에 다음 날 집중력이 생겨 좋은 점수를 얻을 가능성이 높다.

여성편력 없으면 스타 아닌가봐

"내가 상대한 여성이 2만 명은 된다."

미국 남자프로농구 NBA의 전설 매직 존슨이 은퇴 직후에 한 말이다. 그러나 매직 존슨이 그 말을 할 당시 나이가 겨우 32살이었던 점을 감안 하면, 2만 명은 너무 과장한 것으로 보인다. 그 말을 할 때까지 그가 산 날이 11,600일밖에 되지 않았기 때문이다. 그러나 그가 말한 2만 명의 십 분의 1만 줄여서 잡아도 그가 상대했던 여성이 2천 명이나 된다.

매직 존슨은 2m 6cm의 키 큰 포인트 가드이면서도 포드 센터 역할까지 두루 소화할 정도로 농구천재였다. 또 그만큼 흑인, 백인, 황인종 여성을 두루 편력할 정도로 만능 플레이보이이기도 했다. 매직 존슨은 결국 심한 여성편력의 천형(天刑)을 받아 종신형인 에이즈에 걸렸다.

지금은 덜 하지만 매직 존슨이 LA 레이커스의 포인트 가드로 한 시대를 풍미할 때만 해도 여성들에 대한 농구선수들의 육탄공세가 상상을 초월했었다. 정도가 심한 여성들은 농구선수들이 묵는 호텔 방 번호를 알아낸 뒤, 종업원에게 엄청난 돈을 주고 키를 받아 내서 침대 위에 알몸으로 누워있기도 했다.

2011년 2월 15일 은퇴를 선언한 브라질의 축구 영웅 호나우두도 여성편력에서는 둘째가라면 서럽다. 호나우두는 3번 월드컵 출전해서 2차례 우승, 모두 15골로 월드컵 최다골을 기록했었다.(호나우두의 기록은 독일 미로슬라프 클로제의 16골로 추월당했다) 그러나 여성편력도 축구실력 못지않았다. 호나우두는 1997년 모델이자 배우인 수산나 워너와 약 2년 동안 결혼을 전제로 사귀다가 헤어졌고, 1999년 4월 브라질 여자 축구선수였던 밀레네 도밍고스와 결혼을 했다. 이듬해 4월 도밍고스는 호나우두와의 사이에서 첫 아들을 낳았는데, 호나우두는 도밍고스와의 결혼생활 4년만인 2003년 이혼을 했다. 그리고 잠잠하다가 2005년 브라질 방송의 비디오자키 다이넬라 카카렐라와 '세기의 결혼'이라 불리는 초호화 결혼식을 올리며 화제를 모았지만, 이번에는 4년이 아니라 불과 4개월 만에 헤어졌다. 다이넬라와 이혼을 한 후 브라질 슈퍼모델 라이카 올리베이라와 사귀었지만 역시 몇 개월 지속하지 못했다. 호나우두는 3번째 결혼한 마리아 비트리크 안토니 사이에 두 딸을 낳았고, 친자확인까지 벌이는 소동 속에 혼외로 또 한 명의 아들을 얻어 3명의 배다

설렁설렁 스포츠

른 엄마로부터 4명의 자식을 낳았다.

　메이저리거들의 여성편력도 다른 스포츠 스타들 못지않다. 마릴린 몬로와 살았던 조 디마지오를 원조로, 현재는 뉴욕 양키스의 데릭 지터와 알렉스 로드리게즈가 최고 바람둥이 자리를 다투고 있다. 전 뉴욕 양키스 간판 유격수였던 데릭 지터는 미국적인 서글서글한 외모와 세련된 매너까지 갖춰 '뉴욕의 연인', '만인의 연인'이란 별명이 붙어있다. 지터가 공식적으로 열애한 여성 스타들은 제시카 알바, 제시카 비엘, 머라이어 캐리 등을 비롯해 무려 10명에 이른다. 그 밖에도 할리우드 스타 스칼렛 요한슨과 가브리엘 유니온, 카사 릴리 등과도 염문설이 나돌았고, 언론에 노출되지 않고 암암리에 사귄 여성들까지 감안하면 수백 명에 이른다. 또한, 팝의 여왕 머라이어 캐리와의 염문설은 뉴욕의 연예계의 전설처럼 내려오고 있다. 1996년 처음 만난 두 사람은 머라이어 캐리가 레코드 재벌인 남편 토미 모톨라와 이혼까지 감수하면서 뜨거운 사랑을 나눴지만, 언론의 지나친 관심과 지터의 성적 부진 그리고 캐리의 집착 등의 문제가 겹치면서 2년에 걸친 사랑을 끝내고 이별했다.

　골프 황제 타이거 우즈는 여성편력 때문에 부인 엘렌 노르데그렌으로부터 이혼을 당했다. 타이거 우즈와 혼외정사를 했다는 여성만 14명이나 돼서, 타이거 우즈가 골프장 밖에서도 18홀을 채우려 했다는 소리까지 들을 정도였다. 타이거 우즈는 2009년 12월, 부인에게 여성편력 일부가 탄로난 이후 골프 실력도 급격히 떨어져 무려 281주 동안 굳건히 지켜오던 세계랭킹 1위 자리에서 물러나야 했다.

타이거 우즈가 상대한 여성들이 대부분 백인이어서 흑인의 콤플렉스를 백인 여성을 상대하면서 푼 게 아니냐는 소리를 듣기도 했다. 타이거 우즈의 재혼 여성 앨리스 라티존스턴은 전 부인 노르데그렌 그리고 숱하게 상대했던 여성들과 마찬가지로 금발이다.

우리나라 프로스포츠도 초창기에는 팬을 가장한 여성들의 접근이 용의주도했다. 극렬한 여성들은 어떻게든지 선수의 숙소 번호를 알아내서 호텔밖에 자동차를 세워놓고 전화를 한다.

"저 X X 선수시죠, 저 팬인데요. 지금 창문을 내 다 보시면 빨간 차가 서 있을 거예요. 그 차 안에서 기다리니까 잠깐만 나오실 수 있으세요?"

당시 많은 선수가 여성들의 유혹을 참지 못해서 탈선하는 바람에 선수생활을 조기에 마감하고는 했었다.

선수와 팬이 결혼까지 이어지더라도, 불행하게 끝나는

설렁설렁 스포츠

경우가 많다. 팬은 스타에 대한 환상, 선수는 팬에 대한 기대 속에 웨딩마치를 울렸지만, 현실은 그렇지 못해 갈등만 빚다가 헤어지곤 한다.

프로스포츠 D팀의 K 코치가 대표적인 경우인데, 거의 'K 코치교 신자'처럼 떠받들던 여성과 결혼을 했지만, 아들 하나만 낳고 이혼을 했고, 그 아들 역시 아버지 종목의 스타급 선수로 자랐지만, 어머니가 키웠기 때문에 아버지와는 소원한 관계다.

또한, 여성 팬과 결혼한 프로스포츠 O팀의 K 전감독은 그 여성이 '이미 한번 결혼을 해서 아기를 낳은 전력'이 탄로 나는 바람에 곧바로 이혼해야 했다.

창녀라고 불러도 좋아

1976년 6월 26일 도쿄에서 벌어진 프로복싱 헤비급 왕자 미국의 무하마드 알리 대 일본의 간판 프로레슬러 안토니오 이노키의 세기의 대결은 '소문난 잔치에 먹을 것 없다'는 말이 딱 맞을 정도로 볼 게 없었다.

두 선수가 맞붙기 전만 해도 "무하마드 알리의 원투 스트레이트에 안토니오 이노키의 주걱턱이 박살날 것이다." 아니다 "안토니오 이노키가 무하마드 알리 허리를 잡고 집어던지면 알리는 어딘가 하나 부러져서 일어나지 못할 것이다."라며 양분되어 있었다. 그러나 막상 시작 공이 울리자 안토니오 이노키는 링 위에 자진해서 드러누웠고, 무하마드 알리는 일어서라며 큰소리만 치고는 정작 다가서지는 못했다. 두 선수의 맞대결은 바다에서 싸우면 상어, 땅에서 붙으면 사자가 이기는 것처럼, 서서 싸우면 무하마드 알리, 붙어서 싸우면 안토니오 이노키가 이길 것이 너무나 뻔한 경기였다. 그래서 안토니오 이노키는 목숨 걸고 드러누울 수밖에 없었고, 무하마드 알리도 붙잡히면 안 되기 때문에 누워있는 안토니오 이노키에게 다가설 수가 없었다. 결국 안토니오 이노키는 누워서 파이트머니를 챙겼다고 해서 몇몇 관중들이 '창녀! 창녀! 돈 물어내!'라고 소리쳤다. 그러자 이노키는 혼잣말로 "그래도 난 옷은 안 벗었잖아."라고 중얼거렸다.

스포츠계의 팔방미인들

　야구천재 이종범은 축구를 했어도 국가대표급 선수가 되었을 것이라는 소리를 자주 듣는다.

　또한, 2m 7cm의 장신 센터 서장훈 선수가 원래는 야구선수였다는 것도 흥미롭다. 그러나 이종범, 서장훈 모두 지금의 야구와 농구를 하기 위해서 축구와 야구를 포기해야 했다. 두 종목을 넘나들기가 현실적으로 불가능하기 때문이다. 그러나 '불가능을 가능'으로 만든 선수들이 있다.

　대표적인 선수가 미국의 보 잭슨 선수다. 흑인 선수인 보 잭슨은 1987년 메이저리그 캔사스시티 로열스, 미식축구팀 로스엔젤레스 레이더스팀 선수로 활약하기 시작한다. 이후 부상으로 은퇴하기까지 4년 동안 두 종목 모두에서 정상급 선수로 활약했다.

　메이저리그에서는 1989년 시즌, 32개의 홈런과 105타점으로 올스타에 선정되었고, 같은 해 미식축구에서도 올 프로에 뽑혔다.

1962년 미국 알라바마에서 태어난 보 잭슨의 체격 조건은 1m 85cm, 105kg으로 미국 선수치고는 그다지 크지 않았다. 그러나 고등학교 때 100m를 10초 3대에 뛸 정도의 빠른 스피드와 선천적인 파워를 갖고 있었다.

요즘 식으로 말하자면 투 잡 생활을 한 것인데, 여름에는 메이저리그, 겨울에는 미식축구 선수를 한 만화 같은 행각을 벌인 것이다. 보 잭슨은 메이저리그와 미식축구선수 생활을 병행하느라, 웨이트 트레이닝을 할 틈이 없었는데, 그래도 선천적인 스피드와 파워가 워낙 뛰어나 그에 관한 에피소드가 메이저리그와 미식축구계에서 지금까지도 전해져 내려오고 있다.

메이저리그에서는 오른쪽 타자임에도 타석에서 1루까지 도달하는 시간이 3.6초로 현역 최고의 스피드를 자랑하는 일본인 선수 스즈키 이치로의 3.8초보다도 빨랐다. 더구나 이치로는 왼손 타자인데다, 체중도 보 잭슨보다 30kg 정도나 가벼운 77kg 밖에 나가지 않는다. 보 잭슨은 미식축구에서는 러닝 백으로 활약을 했는데, 어찌나 힘이 좋은지 상대 선수 2~3명을 질질 끌고 다니는 것은 매 경기에서 볼 수 있는 흔한 장면이었다.

미국의 스포츠 전문가들은 보 잭슨 같은 경우는 지난 20세기 동안 단 한 명밖에 나오지 않았고, 앞으로 100년 즉,

21세기 동안에는 더욱 나오기 힘들 것으로 보고 있다.

일본 여성 스포츠의 전설, 하시모토 세이코는 겨울에는 스피드스케이팅, 여름에는 사이클 선수로 활약을 했었다. 일본 홋카이에서 1964년 태어난 하시모토 세이코는 어린 시절부터 스케이트를 탔으며, 학업을 마친 후 빙상 실업 명문 팀인 후지 급행 소속으로 활동했다. 그리고 스피드스케이팅을 하면서 하체단련을 위한 보조훈련으로 사이클을 탄게 여름과 겨울 종목에서 모두 두각을 나타낸 계기가 되었다. 하시모토 세이코는 1984 사라예보 동계올림픽에 처음 출전을 한 이후 1988 켈거리 동계올림픽, 1992 알베르빌 동계올림픽, 1994 릴레함메르 동계올림픽 등 네 차례 잇따라 출전했다.

특히 1992 알베르빌 동계올림픽 여자 스피드스케이팅 1,500m에서 동메달을 획득했다. 일본 스포츠 사상 최초로 동계올림픽 여자 스피드스케이팅에서 메달을 딴 것이다.

하시모토 세이코는 1990 삿포로 동계아시안게임 500m, 1,000m, 1,500m, 3,000m 4관왕을 차지해 동계아시안게임 역사상 한 대회 최다메달리스트로 기록되어 있다.

하시모토 세이코는 여름 시즌 동안에는 사이클 선수로도 활약해 1988 서울 올림픽, 1992 바르셀로나 올림픽 그리고 1996년 애틀랜타 올림픽에 잇따라 출전하기도 했다. 그러나 아쉽게도 메달을 따지는 못했다. 하시모토 세이코는 1995년 참의원 선거에 자유민주당 공천으로 비례대표로 출마, 당선되었고, 2001년, 2007년 재선되어 현재 참의원 의원으로 활동하고 있다. 2010 밴쿠버 동계올림픽 때는 일본 동계올림픽 대표팀의 단장을 맡았다.

동독의 크리스티 로텐부르거는 1984 사라예보 동계올림픽 여자 스피드스케이팅 500m 금메달, 1988 캘거리 동계올림픽 여자 스피드스케이팅 1,000m에서 금메달을 딴 세계정상급 스프린터였다. 크리스티 로텐부르거는 88 서울 올림픽에서는 사이클 여자 스프린트에서 소련의 에리카 살루미네 선수에 이어 은메달을 획득해 세계 스포츠계를 깜짝 놀라게 했다. 동, 하계 올림픽에 국가를 대표해서 모두 출전하는 것도 대단한 일인데, 메달까지 딴 것이다.

성화대가 낮아서 생긴 일

1964년 전국체육대회는 인천에서 열렸다.

지금은 전국체전이 동네잔치처럼 되었지만, 당시만 해도 전국체전이 열리면 도시가 축제분위기에 젖어들곤 했다.

전국체전 3일째 남자육상 10,000m가 열리고 있었는데, 육상은 가장 인기가 없어서 스텐드에 관중이 드문드문 앉아 있었고, 심심풀이 땅콩이나 오징어를 사라고 외치는 행상소리만 요란했다.

그런데 한 젊은이가 행상을 불렀다.

"오징어 장수, 오징어 한 마리만 줘"

"예...."

그 젊은이는 행상으로부터 오징어를 받아들더니 굵은 철사에 오징어를 끼우는 것이 아닌가. 그리고는 활활 타오르는 마니산에서 채화해 온 성화(聖火)에 오징어를 굽는 것이었다.

그런데 어디서 봤는지 대회 진행요원이 달려오는데. 그 진행요원의 손에도 오징어가 들려 있었다.

"어, 이런 기발한 방법이 있었네."

진행요원이 그 젊은이에게 철사를 빌려서 성화대로 달려가고 있었다.

스폰서 없는 올림픽은 상상 못해

미국이 1904 세인트루이스 올림픽, 1932 LA 올림픽, 1984 LA 올림픽에 이어 1996 애틀랜타 올림픽까지 개최하면서 올림픽은 이제 상업주의에서 벗어나기 힘들게 되었다.

1989년 도쿄에서 열린 IOC 총회 당시, 차기(92년 바르셀로나)에 이어 1996 올림픽 개최지 선정으로, 가장 유력했고, 근대올림픽 100주년 기념 대회라는 명분이 뚜렷했었던 아테네가 아닌 애틀랜타로 선정한 것에 대하여 많은 비판을 받아왔다.

대회를 개최한 애틀랜타는 코카콜라 본사가 위치한 도시였다. 그래서 개최 선정에서부터 코카콜라의 영향 등 잡음이 많았다. 그렇지 않아도 코카콜라는 올림픽과 오래 전부터 유대관계를 유지해 오고 있었다. 필름회사 코닥이 1회 아테네 올림픽부터 스폰서로 참여를 해오고 있어서 가장 오랜 전통을 갖고 있고, 코카콜라는 1928 암스테르담 올림픽부터 이후에 열린 모든 올림픽을 후원해 오면서 라이벌

설렁설렁 스포츠

펩시콜라의 참여를 원천적으로 봉쇄하고 있다. 코카콜라는 1986년 올림픽 TOP 프로그램이 만들어지자 초대 멤버로 참여를 해오고 있다. TOP 프로그램은 올림픽 파트너십(TOP: The Olympic Partners)의 약자로 삼성 등 글로벌기업이 올림픽 후원을 통해 마케팅을 전개하는 방식이다. 올림픽 파트너는 후원금과 현물 및 기타 지원(VIK : value-in-kind)을 제공하고, 그 대가로 해당 분야에서 올림픽 마케팅 권리를 인정받게 된다. 하계올림픽과 동계올림픽 각 1회를 한 시즌으로 계약한다. 스폰서 금액도 크게 증가하여 TOP Ⅰ에서는 1개 기업의 스폰서 금액이 1천만 달러였으나, TOP Ⅳ에서는 5천만 달러로 증가했고, 앞으로는 1억 달러까지도 늘어날 것으로 보인다. 미국을 대표하는 브랜드 가운데 하나인 코카콜라는 중국과 마찬가지로 빨간색을 상징으로 한다.

1996 애틀랜타 올림픽은 코카콜라 홍보로 도시 전체를 빨갛게 물들였다고 해도 지나친 말이 아닐 정도로 대대적인 홍보를 펼쳤다. 코카콜라는 애틀랜타 센테니얼 올림픽 공원 한복판에 15,000평 규모의 홍보단지를 확보하고. 이를 코크 시티(Coke City)라 명명했다. 코크시티 내의 모든 제품에 코카콜라 로고와 휘장을 새기고, 테마파크를 코카콜라 캔으로 덮는 등 공격적인 제품홍보를 실시했다.

또한, 애틀랜타 올림픽 선수촌은 물론 전 세계의 신문기자들이 원고를 쓰고 송고하는 MPC(메인 프레스센터), 전 세계 방송국과 특파원들이 자국으로 방송을 송출하는 IBC(국제방송센터)에도 코카콜라 자동지급기가 놓여 있어서 코카콜라가 무제한 무료로 공급되기도 했다.

애틀랜타 올림픽 기간 동안 코카콜라 등의 무분별한 상행위가 올림픽 정신을 흐린다는 지적을 받아 2000 시드니 올림픽부터는 적정 수준으로 제한해 오고 있다.

이제 스포츠와 스폰서는 떼려야 뗄 수 없는 관계이다.

대한축구협회는 공식후원사를 선정하는 과정에서 엄청난 후원금을 받아 연간 1,000억 원이 넘는 예산을 집행하는 단체가 되었다. 대한축구협회는 코카콜라, 하나은행, 아시아나 등 14개 기업의 후원을 받고 있는데, 특히 스포츠 용품 회사를 선택할 때는 회사끼리 경쟁을 붙여서 후원금이 엄청나게 뛰어오른다. 나이키와 아디다스가 대표적인 라이벌 기업이다.

배드민턴은 등록 선수가 2천여 명에 지나지 않아 축구, 야구, 농구, 배구 등 다른 스포츠에 비해 경쟁력이 뒤떨어지는 종목이다. 그러나 배드민턴은 국내에서 가장 많은 3백만 명이 넘는 동호인을 갖고 있다. 이 때문에 국내 배드민턴 용품 시장을 놓고 각국 브랜드의 경쟁이 뜨겁다. 그동안은 일본 브랜드 요넥스가 한국의 배드민턴 시장을 장악하

설렁설렁 스포츠

다시피 했었다. 요넥스가 1982년부터 2009년 2월까지 대한 배드민턴협회를 후원했기 때문이다. 그러나 협회가 요넥스보다 더 많은 후원금을 제시한 대만의 브랜드 빅터와 손을 잡으면서 국내 배드민턴 시장이 요넥스에서 빅터 쪽으로 급격히 기울어졌다. 국내에서 개최되는 각종 배드민턴 대회는 물론 국제대회에 출전하는 국가대표 선수들이 빅터 제품의 의류와 라켓 셔틀콕을 쓰기 때문이다.

현재 국제 배드민턴계는 요넥스, 빅터, 리닝(중국) 제품이 3파전을 이루고 있고, 국내제품은 투자를 못해서 명함도 내밀지 못하고 있다.

IB 스포츠가 김연아를 후원했고, 이후 리듬체조의 손연재를 후원, SK 텔레콤이 박태환을 후원했었던 것은 개인 스폰서에 해당된다.

인저리 타임

편파 중계

메이저리그는 로컬 중계방송이 대세를 이루고 있기 때문에 편파 방송이 당연시된다.

"우리 뉴욕 양키스팀이 보스턴 레드삭스팀을 상대로 잘 싸우고 있습니다." 같은 멘트가 당연시된다.

우리나라도 60~70년대 만해도 아나운서들이 "조국에 계신 동포 여러분, 대한의 건아들이 이역 멀리 타국에서 고군분투하고 있습니다. 고국에 계신 동포 여러분 우리선수들에게 응원의 박수 보내주십시오." 등의 애국적인 방송을 했었다. 그런데 이탈리아의 한 캐스터는 중계방송을 하다가 서럽게 울부짖어서 화재를 모았다.

유럽축구 최고의 클럽 팀을 가리는 2010~2011 UEFA 챔피언스리그 16강 1차전이 밀라노 산시로 경기장에서 열렸는데, 그 경기 중계를 하던 캐스터가 자신의 응원팀이 패하자 분을 이기지 못하고 '대성통곡'을 하는 해프닝이 벌어져 화제가 되었다.

2011년 2월 16일(한국시간) 열린 2010~2011 UEFA 챔피언스리그 16강전 AC 밀란과 토트넘의 경기가 AC 밀란 홈구장에서 열렸다. 그런데 평소 AC 밀란의 열혈 팬으로 유명한 한 캐스터가 자국 팀 'AC 밀란'에 대한 편파방송을 했다. 그 캐스터는 후반 막판 토트넘의 공격수 크라우치가 0대 0 상황에서 결승골을 터트리자, 얼굴이 굳어지며 울기 시작해 함께 출연한 패널들을 당혹하게 했다. AC 밀란의 이브라히모비치가 종료 직전 골을 성공시켰으나, 오프사이드 판정을 받자 그는 기쁨의 환호를 내지르다 이내 스튜디오에 주저앉아 대성통곡을 하였다.

설렁설렁 스포츠

KTX보다 더 빠르다

    2011년 3월 5일 크로아티아의 베테랑 이보 카를로비치가 남자 테니스에서 최고 속도의 서비스 기록을 세웠다.

    당시 남자프로테니스 ATP 세계랭킹 217위였던 카를로비치는 크로아티아 자그레브에서 열린 독일과의 데이비스컵 월드그룹 1회전 복식 경기 중 시속 251㎞(156마일)짜리 '총알 서브'를 내리꽂았다.

    카를로비치의 강서브는 이틀 후인 3월 7일 국제테니스연맹(ITF)이 공식 기록으로 인정됐다. 카를로비치는 2004년 데이비스컵에서 미국의 앤디 로딕이 벨라루스의 블라디미르 볼치코프를 상대로 기록한 기존 최고 기록(시속 249㎞)을 경신한 것이다. 카를로비치는 키 2m 8cm의 세계 테니스 선수 가운데 최장신 선수로 큰 키에서 내리 뿜어내는 강속구로 서브에이스를 많이 따낸다.

    배드민턴에서 셔틀콕의 속도도 만만치가 않다.

    말레이시아의 탄분형 선수가 인간으로서는 도저히 맛보

기 힘든 시속 420km의 강 스매싱을 기록한 적이 있다. 그러나 탄분형 선수의 초강 스매싱도 상대 선수는 거뜬히 받아내곤 한다. 셔틀콕의 무게가 겨우 5g밖에 나가지 않고, 또 14~16개의 거위 털로 되어 있어서 공기 저항을 받기 때문에 상대 선수의 라켓에 다다를 때는 시속 100km 이하로 뚝 떨어지기 때문이다. 그러니까 탄분형의 420km 초강 스매싱은 라켓이 셔틀콕이 맞았을 때의 순간 속도다.

프로야구 투수 가운데 가장 빠른 공을 던진 투수는 역시 미국 프로야구 메이저리그의 조엘 주마야 선수다. 디트로이트 타이거즈의 조엘 주마야는 2006년 10월 10일 104.8마일, 약 168.7km의 초 강속구를 던졌다.

프로야구 타자들은 투구 속도가 140km를 넘으면 배팅 타이밍을 잡기 곤란해하고, 150km가 넘으면 그야말로 감(感)에 의존해서 타격을 할 수밖에 없게 된다. 그리고 160km 안팎의 강속구가 제구력이 되면 그야말로 속수무책이 된다. 하물며 170km에 육박하는 168.7km의 초강속구가 날아오면 타자는 공황(恐慌)상태에 빠지게 된다. 타자는 공포감에 빠질 수 없게 되는 것이다.

조엘 주마야는 2009년 시즌에는 직구 평균이 98.6마일(159km)이나 되었다. 그러나 조엘 주마야는 강속구를 많이 던지다 보니까 팔꿈치 부상을 자주 당해서 2010년에는 한

설렁설렁 스포츠

창 시즌중인 6월 말에 시즌 아웃 되기도 했다.

메이저리그 왼손 강속구 투수는 2m 7cm의 메이저리그 최장신 투수였던 랜디 존슨이다. 랜디 존슨은 키가 큰데다가 공까지 빨라서 현역시절 타자들에게는 그야말로 공포의 대상이었는데, 타자들은 "마치 2층에서 공을 던지는 것 같다."고 이구동성으로 말하기도 했다.

랜디 존슨은 2004년에는 102마일, 약 164km의 강속구를 뿌려 왼손 투수 최고 구속을 기록했었다. 랜디 존슨은 1988년에 메이저리그 몬트리올팀에 입단 2009년 샌프란시스코 자이언츠팀에서 은퇴할 때까지 22년 동안 303승 166패 방어율 3.29를 기록했다.

배구는 '서브 리시브 놀음'이라는 말이 있다. 서브리시브가 잘 되야 공격이 잘 돼서 이길 수 있다는 뜻이다. 그렇다면 상대적으로 서브리시브를 흔들면 승산이 있다는 말도 된다. 상대팀의 서브리시브가 흔들리면 단조로운 오픈 공격밖에 할 수가 없고, 따라서 서브를 넣는 팀은 쉽게 경기를 풀어갈 수가 있다.

세계 최고의 강서버는 러시아의 파벨 아므라모프 선수가 131km의 강서브를 넣은 기록이 있다. 시속 131km의 강서브라면 세계적인 리베로이자 서브리시브의 귀재라는 여오현 선수도 리시브하기 힘든 속도다.

국내 남자배구에서는 2006~2007시즌 삼성화재팀에서 활약했었던 레안드로 선수가 기록한 117km가 공식적으로 가장 빠른 서브속도였고, 이경수의 전성기와 현재 문성민 선수 정도면 115km 안팎의 서브속도가 나온다고 할 수 있다.

1997년 6월 프랑스에서 있었던 프랑스 대 브라질의 친선경기에서 브라질의 왼쪽 윙백 호베르트 카를루스 선수가 프랑스 문전 35m 지점에서 시속 150km짜리 초 강슛을 성공시켜서 세계 축구사에 가장 강한 킥으로 기록되어 있다.

왼발잡이 카를루스가 찬 공은 마치 UFO처럼 휘어들어가서 지금도 UFO 슛으로 잘 알려진 이 슈팅은 프랑스 진영 미드필드(약 35m 지점)에서 카를루스의 발을 맞은 공이 마치 S자를 그리듯이 휘어져 들어가 골인이 되었다. 프랑스의 대머리 골키퍼 파비앵 바르테스는 비과학적으로 휘어져 들어오는 공을 그저 멍하니 바라보기만 해야 했다. 카를루스 선수는 키가 1m 70cm가 채 되지 않지만 1998년 프랑스, 2002년 한일 그리고 2006년 독일월드컵에 브라질 대표로 출전했었던 세계최고의 윙백 출신이다.

카를루스는 1998프랑스 월드컵 때 프랑스와 브라질의 결승전 전날, 호나우두와 한 방을 썼었는데, 호나우두가 간질증세를 보였다고 말해, 호나우두의 부진으로 브라질이 프랑스에 0 대 3으로 패배를 당한 결정적인 이유를 증언하기도 했다.

한국선수로는 1990이탈리아 월드컵 스페인전에서 우리가 1대 3으로 질 때 전반 43분 황보관이 찬 프리 킥 공의 속도가 114km로 기록되어 있다.

축구에만 있는 낙제 제도

한국프로축구, K리그는 실력 면에서는 아시아 정상이다. 포항 스틸러스, 성남 일화, 수원 삼성팀 등 한국 프로축구팀이 아시아클럽선수권대회 단골 우승팀이라는 것으로 증명하고 있다. 그러나 국제축구역사 통계연맹(IFFHS)의 각국 축구클럽리그 랭킹을 보면 한국프로축구 K리그는 일본, 호주, 중국 등은 말할 것도 없고, 일부 중동국가의 축구리그에도 뒤졌었다. K리그는 업다운 제도 즉, 승강제를 실시하지 않았었기 때문이다. 승강제는 전체 프로리그를 1부 리그와 2부 리그로 나눠서 1년간 정규리그를 벌여 1부 리그 하위 팀이 2부 리그로 떨어지고, 2부 리그 상위 팀이 1부 리그로 승격되는 제도를 말한다.

잉글랜드 프리미어리그, 독일의 분데스리그 등 유럽 52개국 리그는 방식은 다르지만 모두 강등제를 실시하고 있다.

1부 리그 우승을 차지하려는 열망보다는 2부 리그로 떨어지지 않으려는 몸부림이 더 간절할 정도로 팀이 1부 리그에

설렁설렁 스포츠

서 2부 리그로 떨어진다는 것은 구단의 명예가 떨어질 뿐만 아니라 수입이 천문학적으로 줄어들기 때문이다.

프리미어리그는 20개 팀이 속해 있고, 그 밑에 있는 챔피언십리그가 마이너리그다. 프리미어리그 20개 팀은 홈앤드어웨이로 매년 38경기를 치러 1위부터 17위까지 17팀은 프리미어리그에 잔류한다. 그러나 18, 19, 20위 세 팀은 챔피언십리그로 강등된다. 2부 리그는 1, 2위 두 팀이 프리미어리그로 승격된다. 그리고 3위 팀이 마지막 티켓을 받는 게 아니라 나머지 한 장은 3위, 4위, 5위, 6위 4팀이 플레이오프를 해서 살아남는 한 팀에게 주어진다.

네덜란드 에레디비지리그의 승강제는 독특하다. 1부 리그 18팀 가운데 최하위 18위 팀은 무조건 2부 리그로 떨어진다. 그러나 16위, 17위 두 팀은 2부 리그 상위 팀과 플레이오프를 실시한다. 그러니까 하위권 두 팀에게 다시 한 번 1부 리그에 살아남을 기회를 주는 것이다. 이같이 유럽축구 등 프로축구리그를 가진 나라들은 승강제를 각국의 형편에 맞게 실시를 한다.

첫 번째는 1부 리그 하위 팀과 2부 리그 상위 팀이 맞교대하는 방식이고, 두 번째는 1부 리그 하위권 팀과 2부 리그 상위권 팀이 플레이오프를 하는 방식으로 이는 1부 리그 하위권 팀에게 다시 한 번 기회를 주는 것이다. 세 번째는 프리미어리그 방식인 절충식이다. 1부 리그 최하위 팀은 무조건 떨어지고 최하위를 면한 두 팀에게 2부 리그 상위권 팀과 맞붙어서 살아남을 기회를 주는 것이고, 네 번째는 스코틀랜드나 카자흐스탄, 아제르바이젠 같은 나라의 방식인데, 2부 리그 상위권 두 팀은 무조건 1부 리그로 올라오고, 1부 리그에서 2부 리그로 떨어지는 방식으로 1부 리그 하위권 두 팀을 그대로 2부 리그로 떨어트리는 게 아니라, 하위권 6팀이 플레이오프를 해서 두 팀을 떨어트린다.

사실 승강제는 1부 리그에서 2부 리그로 떨어지는 팀에게는 너무나 잔인하다. 우선 1부 리그 팀에서 2부 리그 팀으로 바뀌는 불명예를 감수해야 한다. 그리고 각종 후원금이 줄어든다. 어느 회사가 인기도 실력도 없는 2부 리그 팀에 광고(네임 광고) 등을 주겠는가.

그리고 유럽축구의 월드컵이라고 하는 챔피언스리그에 출전할 기회가 원천봉쇄 된다. 챔피언스리그는 유럽 여러 나라의 자국 내 프로리그에서 상위권을 차지한 팀들이 참여해서 해마다 가을부터 이듬해 5월까지 32강 리그, 16강, 8강전 등을 거쳐서 유럽 최고의 팀을 가리는 대회. 유럽 클럽 팀들은 챔피언스리그에 나가야 상금, 대회 출전료, 관중 수입 등으로 엄청난 수입을 올릴 기회를 얻게 되는데, 2부 리그 팀에게는 기회가 주어지지 않는다. 그래서 1부 리

설렁설렁 스포츠

그 하위권에 있는 팀들은 시즌 막판에 가면 1부 리그에 살아남기 위해 다른 팀에서 무리를 해서라도 비싼 선수를 트레이드 해 오거나, 감독을 교체하는 등의 극단적인 방법을 취하게 된다. 그러나 컵 대회 등 프로팀들이 모두 출전하는 대회에서 2부 또는 그 이하 리그 팀들이 돌풍을 일으키는 경우가 많다. 1부 리그 팀들은 정규리그, 챔피언스리그 컵 대회 등 경기 일정이 많지만, 2부 리그 팀들은 상대적으로 약한 팀들과 리그를 벌이는데, 대회가 많지 않아서 컵 대회에 집중할 수 있기 때문이다. 또한, 1부 리그 팀들은 여러 대회에 출전하느라 선수를 분산 출전시키기 때문에 컵 대회는 2진급 선수를 출전시키는 경우가 많다.

어쨌든 프로야구 프로농구 등 다른 스포츠에는 없는 프로축구의 승강제는 팀에는 투자를 아끼지 말라는 자극을 주고, 선수에게도 열심히 뛸 수 있는 환경을 만들어 주고 있다.

아시아에서는 일본뿐만 아니라 중국에서도 승강제를 실시하고 있다. 중국은 이탈리아의 세계적인 명장 리피감독이 이끄는 광저우 헝다 팀이 2010년 2부 리그에서 17승 6무 1패(승점 57점)로 1위를 차지해 2011시즌부터 1부 리그로 승격되었다. 광저우 헝다는 1부 리그로 승격되면서 아시아 정상권 수비수인 한국의 김영권 선수를 영입했다. 그러면 1부

리그에서 2부 리그로 떨어진 팀의 소속 선수들은 어떻게 될까. 대부분의 팀들이 선수와 계약을 할 때 단서 조항을 단다. 팀이 2부 리그로 떨어지면 선수에게 선택권을 갖도록 하는 조항이다. 그러니까 선수가 판단을 해서 2부 리그로 떨어진 팀에 그대로 남아 있을 수도 있고, 다른 팀으로 이적을 할 수 도 있는 것이다. 대게 80~90% 선수들이 다른 팀으로 떠난다.

그러나 박지성은 2000년 일본 프로축구 교토퍼플상가에 입단, 2001년 팀이 2부 리그로 떨어졌는데도 불구하고 2002년 다시 1부 리그로 끌어 올렸다. 한국 프로축구도 2012 시즌부터 본격적으로 강등제를 실시하고 있다.

러시안룰렛

스포츠에서 무승부가 되었을 때 승부를 가리는 방법이 있다.

농구는 5분간씩 승부가 날 때까지 하고, 골프도 한 홀씩 승부가 날 때까지 계속한다. 양궁은 슛 오프라 해서 한발 한발 승부가 날 때까지 쏜다.

축구나 핸드볼의 경우 연장전을 해서 승부가 나지 않으면 승부차기(던지기)를 한다.

1994 미국 월드컵은 브라질과 이탈리아의 결승전이 연장전 포함 120분간 0대 0 무승부를 이룬 끝에 승부차기를 해서 결판이 났다.

이탈리아가 선축을 했지만 4명의 키커까지 바레시, 마사로가 실축을 했고, 알베르티니, 에바니 두 선수만 성공을 했다. 그러나 브라질은 첫 번째 키커 산토스만 실축을 했을 뿐 호마리오, 브랑코, 둥가가 성공시켜서 3대 2로 앞서고 있었다.

이제 이탈리아의 5번째 키커 로베르토 바조가 성공을 하면, 3대 3이 되어, 브라질의 5번째 키커가 실패하면 6번째 키커들이 승부를 가릴 수도 있었다. 그러나 실축을 하면 그대로 경기가 끝이 난다. 그런데 바조가 그만 실축을 했다. 만약 승부차기에서 이탈리아가 브라질을 물리치고 이겼다면, 세계의 축구역사가 바뀔 뻔했다.

비록 '월드컵 3회 우승'은 브라질이 가장 먼저 달성 했지만, 94 미국 월드컵 이탈리아 우승으로 이탈리아는 가장 먼저 4번 우승한 나라가 되어 세계 축구계의 주도권을 잡을 수 있었다. 그러나 브라질이 우승을 함으로써 브라질이 가장 먼저 4번 우승을 차지했고, 브라질은 2002 한일월드컵에서도 가장 먼저 5번째 우승을 달성함으로써 세계 축구 최강 국가로 자리매김했다.

2004 아테네 올림픽 여자핸드볼 결승전 한국 대 덴마크의 경기는 우리 생애 최고의 순간(우생순)으로 영화화될 정도로, 핸드볼 역사상 가장 극적인 승부가 연출되었다.

한국과 덴마크가 2차 연장까지 34대 34 무승부를 기록해 승부던지기를 했다. 승부던지기는 5명이 하는 것이지만, 4명만 던지고 승부가 가려졌다. 한국은 2명이 모두 실패하고, 덴마크 선수가 4명 모두 성공해 2대 4로 패했다.

만약 한국이 덴마크에 이겼다면 세계여자 핸드볼 역사가

설렁설렁 스포츠

바뀔 뻔했다.

한국은 88 서울 올림픽과 92 바르셀로나 올림픽에서 금메달을 땄고, 96 애틀랜타 올림픽 결승전에서 덴마크에 덜미를 잡혀서 올림픽 3연패에 실패했었다.

덴마크는 96 애틀랜타 올림픽과 2000 시드니 올림픽에서 잇따라 금메달을 획득, 올림픽 2연패를 해, 아테네 대회에서 3연패를 노리고 있었다. 만약 한국이 이겼다면 96 애틀랜타 올림픽에서 덴마크에 올림픽 3연패가 저지되었듯이, 덴마크의 올림픽 3연패를 막고, 세계여자 핸드볼 정상 자리를 되찾아 올 수 있었다.

한국의 전 국가대표 이운재 골키퍼는 승부차기의 달인이었다. 이운재는 나름대로 승부차기의 철학이 있었다.

이운재는 자신의 저서 '이기려면 기다려라'에서 '승부는 끝까지 상황을 파악하고 마지막까지 냉정함을 잃지 않는 자에게 (행운이)찾아 온다'고 썼다.

이운재는 승부차기(페널티킥 포함)에 관한 한 달관한 사람처럼 보인다.

이운재는 말레이시아 쿠알라룸프르 부키드 잘릴 국립경기장에서 벌어진 2007 아시안컵 한국 대 이란의 120분간의 혈투, 0대 0 무승부 끝에 벌어진 승부차기에서 2개의 킥을 막아내 한국에게 4대 2 승리를 안겼다.

이운재는 경기가 끝난 직후 공동취재구역에서 "상대 키커가 실축을 했다고 생각한다. 내가 잘 막았다기보다는 볼을 잘못 찼기 때문에 막아낼 수 있었다."라고 말했다.

또한 "승부차기는 골키퍼보다 키커의 부담이 더 크다. 5명 가운데 몇 명은 실수를 하기 마련인데 이 기회를 잘 살리면 골키퍼는 최고의 선방을 펼친 것이 된다."라고 말했다. 이어서 이운재는 "승부차기는 먼저 차는 팀이 나중에 차는 팀보다 유리하다, 왜냐하면 먼저 차는 팀 선수는 자신이 실축을 하더라도, 자신의 팀 골키퍼가 상대선수의 킥을 막아 내거나 상대 선수의 실수를 기다릴 수 있기 때문에 심리적으로 나중에 차는 팀보다 더 안정적이기 때문이다."라고 말했다. 그날 한국과 이란의 승부차기는 소위 말하는 '이운재의 승부차기 이론'이 다 들어가 있었다. 우선 이운재가 말하는 '승부차기는 키커가 부담이 더 크기 때문에 반드시 몇 명은 실수하게 되어 있다'는 말처럼 한국은 3번째 키커 김두현, 이란은 2번째 키커 메디 마다비키아와 4번째 키커 라술 하티비가 실축을 했다. 그러니까 김두현을 포함해서 세 선수가 실수를 한 것이다.

그리고 이운재의 "골키퍼 사각(막을 수 없는 곳)으로 차면 지구상의 어느 골키퍼도 막을 수 없다."는 말처럼 이란의

설렁설렁 스포츠

첫 번째 키커의 슈팅은 이운재 오른쪽 골 퍼스트 근처로 들어와 도저히 막을 수 없었다.

실제로 골키퍼 11m 앞에서 차는 승부차기는 골키퍼가 막을 수 없는 사각으로 들어올 경우 0.2초밖에 걸리지 않아 골키퍼 반응속도 0.5~6초보다 2배 이상 빨리 들어오기 때문에 막을 수 없다.

다만 이란의 두 번째 키커 마다비키아의 킥처럼 비록 강하게 날아왔지만, 이운재가 방향을 읽었고, 또 이운재가 예측했던 방향 뿐만 아니라 충분히 막을 수 있는 각도로 날아왔기 때문에 쳐 낼 수 있었다. 4번째 라울 하티비의 킥이 이운재에게 행운을 가져 다 준 킥이었다. 이운재는 하티비의 킥 방향을 잘못 읽고, 오른쪽으로 점프를 했으나, 공은 왼쪽으로 날아왔는데, 각이 완만해서 오른쪽으로 슬라이딩을 하는 이운재의 왼발에 걸리고 말았다.

이운재는 2002 한일월드컵 스페인과의 8강전에서도 선방을 했었다.

당시 한국과 스페인은 월드컵 8강전답게 3번째 키커까지 모두 성공을 하고 있었다. 한국은 4번째 키커 안정환이 침착하게 성공을 했다. 스페인의 4번째 키커 호아킨은 나이가 어리고 경험이 부족한 선수였다. 이운재는 호아킨의 불안한 심리를 읽고 있었고, 발 모양을 보고 왼쪽으로 몸을 날려 킥을 잡아냈었다.

2002 한일월드컵 8강전 스페인과의 승부차기에서도 역시 한국이 선축을 했었다.

2011 카타르 아시안컵 한국 대 일본의 준결승전 경기는 연장까지 가는 접전 끝에 2대 2로 비긴 후 승부차기에 들어갔다.

일본의 선축이라 이운재의 지론에 의하면 일본이 유리했다. 역시 한국은 구자철, 이용래의 슛이 일본의 가와시마 에이지 골키퍼의 선방에 막혔다. 당시 일본축구의 약점이 골키퍼로 분석되었는데, 가와시마 에이지가 기가 막히게 잡아낸 것이다. 한국은 세 번째 키커 홍정호가 실축하는 바람에 0대 3으로 완패했다. 한국은 이운재 골키퍼가 대표팀에서 물러 난 후 정성룡 골키퍼가 골문을 지키고 있는데, 승부차기에 관한 한 정성룡은 이운재보다 한 수 아래로 보인다.

설렁설렁 스포츠

승부조작은 패가망신의 지름길

스포츠의 묘미는 예측불허(豫測不許)다.

각본이 없기 때문에 실력이 더 뛰어나고, 전력이 더 강하다고 하더라도 항상 승리를 장담할 수 없다. 따라서 언제나 약자에게도 승리의 기회가 있다. 약자가 예상을 뒤엎고 강자를 꺾었을 때 묘미는 스포츠 세계에서만이 느낄 수 있는 쾌감이다.

하지만 만약 승패가 미리 조작되어 있다면, 그건 스포츠에 대한 중대한 배신이자 죄악이다. 그래서 승부를 조작하는 행위는 스포츠의 가장 큰 적이라고 할 수 있다.

2011시즌 일본 스모는 중대한 위기를 맞이했었다. 다수의 선수가 승부조작에 관여했다는 충격적인 사실이 발각 된 것이다. 일본 스모는 우리나라의 천하장사에 해당하는 요코즈나가 속한 마쿠우치를 정점으로 주료까지 상위 리그라고 한다. 그리고 주료 이하는 하위 리그다. 마쿠우치에게는 상상을 초월하는 혜택이 주어진다. 연봉이 수십 억 원이 넘는다. 그런 혜택은 주료까지 주어진다. 주료만 되면 수천만 원의 연봉을 받아 중, 상위층 생활을 영위할 수 있다. 그러나 주료 이하의 품계 선수는 월급이 한 푼도 없다. 그리고 상위 리그 선수들의 허드렛일이나 하면서 노예 아닌 노예 생활을 해야 한다.

일본 스모는 한 대회 15경기에 출전하는데, 승률 5할 이상(8승 7패)을 올려야 상위 리그로 승격된다. 8승 6패를 또는 9승 5패를 기록한 선수와 7승 7패 선수가 마지막 판에 맞붙으면, 9승 5패를 기록한 선수에게 마지막 판은 아무런 의미가 없다. 그러나 7승 7패를 기록하고 있는 선수에게 마지막 판은 그야말로 목숨을 걸 수밖에 없게 된다.

그래서 미국의 경제학자 스티븐 레빗이 스모에서 9승 5패 또는 8승 6패를 기록한 선수와 7승 7패를 올리고 있는 선수들의 마지막 판 승률을 살펴봤더니, 7승 7패를 올린 선수가 8승 6패를 기록한 선수에게 무려 8할의 승률을 올렸고, 7승 7패를 올린 선수가 9승 5패를 기록하고 있는 선수에게 73, 4%의 승률을 올리고 있었다. 사실 7승 7패를 기록한 선수는 자신보다 더 승률이 좋은(9승 5패 또는 8승 6패) 선수에게 5할 이상의 승률을 올릴 수 없는 것이다. 9승 5패 또는 8승 6패를 기록한 선수가 1승이 절실한 7승 7패의 선수에게 일부러 져 주었기 때문이라고 추론할 수 있었다. 다

음번에 져 주기로 하든가 돈을 받는 등의 약속이 오고 갔다
는 것이다.

결국, 일본의 국기(國伎)인 스모에 짬짜미가 있었다는 것
이 드러나서 스모 존폐론까지 나왔다.

이탈리아 프로축구 명문 팀인 유벤투스는 2005~2006시즌
에 승부조작 파문으로 크게 곤욕을 치러야 했다. 유벤투스
의 전 단장인 루치아노 모지가 94년 유벤투스팀을 맡은 후
프로축구 9개 팀 관계자 등 모두 42명(각 팀 감독, 구단주, 협회
간부 등)과 끈끈한 관계를 이용해 자기 팀 경기의 심판 배정
에 관여하고, 관계자들을 매수하는 등 승부조작에 관여한
것이 밝혀진 것이다.

검찰이 수사에 들어가자 이탈리아의 대표적인 우량주였
던 유벤투스 주는 하루만에 30%가 폭락하는 등 밀라노 증
시가 일대 혼란에 빠졌었다. 결국 유벤투스는 8만 유로의
벌금과 세리에 A에서 2부 리그 격인 세리에 B로 강등되었
다. 그리고 2006~2007시즌을 승점 30점을 감점당하면서 시
작을 해야 했다. 유벤투스는 사실상 두 시즌을 세리에 B에
서 보내야 했다.

유벤투스 뿐만 아니라 함께 승부조작에 관여했던 다른
팀들 즉, AC 밀란, 피오렌티나, 라치오 등도 징계를 받았다.

1998프랑스 월드컵에서 멕시코(1대 3)에 이어 네덜란드(0대 5 패)에 패해 월드컵 축구사상 최초로 중도 해임된 차범근 감독은 귀국 후 '국내 프로축구에 승부조작이 있는 것 같다.'는 뉘앙스의 발언을 해서 한국 축구계를 발칵 뒤집어 놓았다. 이에 대한축구협회는 1998년 8월 12일 상벌위원회를 열고 차 감독에게 '5년간 지도자 자격정지'라는 중징계를 내렸다.

2008년에는 축구계에 실제로 승부조작이 있어서 경찰에서 수사하기도 했다. 당시 중국의 도박 업체에서 사주를 받은 K3 리그 한 팀이 승부조작과 관련된 것으로 드러났고, 브로커 2명을 포함해 3명이 구속되었으며 19명이 불구속되었다. 이후 프로축구, 프로야구, 프로배구, 프로농구, 민속씨름 등에서 잇따라 승부조작을 한 것으로 드러났다. 프로축구는 승부조작에 관여한 선수와 감독이 잇따라 자살을 하기도 했다. 그리고 프로농구 원주동부에 강동희 감독은 구속되기까지 했다.

2010년 쇼트트랙 스피드스케이팅에서 두 차례나 승부조작 파문이 이어졌다. 국가대표 감독, 선수들이 관계된 사건이어서 더욱 충격을 주었다.

조작의 유혹은 누구에게나 스며든다. 그러나 승부조작에 관여하면 자신의 종목에 대한 배신행위임은 말할 것도 없

설렁설렁 스포츠

고, 중대한 범죄에 해당하여 사회로부터 영원히 격리되게
된다.

인저리 타임

한국판 요기베라

메이저리그 요기베라가 최고의 수다쟁이라면 한국에는
이만수가 가장 입담이 좋았다.

이만수는 타자가 타석에 들어서면 타자의 집중력을 흐리
기 위해 갖은 방법을 동원했다.

"형님요. 대낮인데도 방망이가 빳빳하게 섰습니다."

"야, 니 운동화 끈 느슨해졌다."

"직구로 좋은 거 하나 줄 테니 니 맘껏 쳐 봐라"

그러다가 어느 날 후배 선수에게 되게 혼이 나기도 했다.

"용식아 신혼 재미 좋재."

"……"

"근데, 우짠 다냐, 순철이가 니 색시 어젯밤 나이트클럽
에서 봤다는디."

"거기 형수님하구 같이 갔다는 대요."

4장.

심판은 돌이다

심판은 돌이다

'심판 때문에 이겼어.'

지구상에 스포츠가 존재하는 한 영원히 들을 수 없는 말일 것이다.

스포츠와 심판은 떼래야 뗄 수 없는 관계다. 그러나 심판은 영원히 욕을 먹어야 하는 숙명을 지니고 있다. 경기가 끝난 후 '심판 때문에 졌다'는 말은 흔히 하지만, 심판 때문에 이겼다고 한 사람은 스포츠가 생긴 이후 아직 한 명도 없기 때문이다.

스포츠 가운데서도 축구, 농구, 배구, 하키, 핸드볼 등 구기 종목은 심판의 영향을 가장 많이 받는다. 그러나 육상, 수영 등 기록 종목은 어느 정도 심판의 판정으로부터 자유롭다. 육상은 출발 계시할 때, 수영은 골인 지점을 터치할 때 심판이 개입한다. 그러나 수영의 경우는 폼이 달라질 때 (예를 들면 평영을 할 때 허리의 각도 등), 육상에서는 경보에서 두 다리가 공중에 동시에 떠오르는 동작 등을 3차례 지적

설렁설렁 스포츠

받으면 아무리 기록이 좋아도 자동실격을 당한다.

　개인 기록 종목 가운데서도 심판이 경기에 깊숙이 개입하는 종목이 많다. 체조, 리듬체조, 싱크로 나이즈드 스위밍, 동계 종목의 피겨 스케이팅 등은 심판이 직접 점수를 매기고, 아마추어복싱·프로복싱·유도·역도 등도 심판들이 점수나 판정에 영향을 끼친다.

　'심판은 돌이다'

　심판에 관한 명언 중 하나다.

　구기 종목의 경우 인플레이 상태에서 심판의 몸에 공이 맞으면 데드볼이 되지 않고 그대로 인플레이 상태로 경기가 진행된다. 축구 경기에서 공격수가 찬 공이 심판의 몸에 맞고 굴절되는 바람에 골키퍼가 막지 못해서 골인되면, 그래도 골이 선언된다.

　야구에서도 타자가 친 공이 루심(baseumpire)의 몸에 맞고 방향이 바뀌어 안타가 되어도 인플레이 상태로 인정해서 안타로 처리된다. 농구나 핸드볼 등 다른 구기 종목도 마찬가지로 심판의 몸에 공이 맞아도 인플레이 상태다.

　'심판은 돌이다' 앞서 언급한 대로 심판은 경기 도중 무생물(無生物) 취급을 받아서 돌이라는 뜻도 있지만, 심판들은 경기를 판단하는 데 있어서 돌처럼 중립을 지켜야 한다. 즉, 불편부당(不偏不黨)해야 한다는 뜻이기도 하다. 심판이 금품을 받거나 기타 여러 가지 이유로 한쪽 편을 들거나 특정한 선수에게 유리하거나 불리하게 판정을 하면 이는 범죄행위나 마찬가지다. 그러나 심판의 능력이 부족하거나, 정확하게 판단을 할 수 없는 환경 때문에 어쩔 수 없이 오심(誤審)을 한다면 피해를 본 선수가 다소 억울하더라도 이해해야 한다. 그래서 '심판도 사람이다'라는 말이 있다.

요즘은 각 종목의 심판들의 수가 늘어나는 추세다. 과거 국제식 농구는 주심, 부심 2명이 봤지만, 이제는 국제식 농구는 물론 각국의 프로농구에도 주심 1명, 부심 2명 등 3명의 심판이 본다. 축구의 경우도 과거에는 주심과 부심 2명 등 3명이 보다가 최근에 대기심까지 생겨서 4명이 되었고, 앞으로는 두 팀의 엔드라인 뒤에 한 명씩 더 세워 한 경기를 하는데 6명의 심판이 필요하게 되었다.

가장 특이한 심판제도를 가진 종목은 핸드볼이다. 핸드볼 심판은 커플제로 운영하고 있다. 즉, 심판 자격을 딸 때부터 두 사람이 한 조가 되어 심판 자격을 획득해 두 사람이 한 경기에 동시에 투입된다. 국제경기의 경우 한국과 중국이 경기할 때 영국의 커플 심판, 한 나라 국적의 2명의 심판이 투입되어 경기를 운영하는 것이다. 이는 다른 나라 경기도 마찬가지다. 노르웨이와 덴마크의 경기에 일본 심판 2명이 커플이 되어 경기를 운영한다. 커플 심판은 두 심

설렁설렁 스포츠

판이 한 나라 국적의 심판이기 때문에 두 사람의 호흡이 잘 맞는다는 장점을 갖고 있다. 그리고 비교적 판정에 일관성이 있는 것도 사실이다. 그러나 흑심을 품고 심판에게 로비를 하려는 사람에게는 커플 심판 제도가 편하다. 만약 커플 심판 제도가 아니고, 한 경기를 책임지는 심판의 국적이 다르면 두 사람에게 각각 로비를 해야 하기 때문이다. 커플 심판 제도 하에서 만약 한 사람이 몸이 아프거나 다른 이유로 심판을 보지 못할 경우 나머지 한 사람도 자연히 심판 배정에서 제외된다.

인저리 타임

김구 선생

영웅이 드문 세상에 김구 선생은 많은 사람으로부터 가장 존경받는 분 중의 한 사람이다. 선생은 생전에 스포츠 가운데 복싱을 가장 좋아했다.

1940~50년대만 해도 복싱에는 체급구분이 없었다.

1949년 휘문중학교 운동장에서 프로복싱 경기가 벌어졌다. 미국의 엔드류(85kg)와 한국의 김계윤(75kg) 선수가 맞붙었다. 엔드류는 체중이 85kg였으며, 지금의 크루저급에 해당하는 선수였고, 김계윤은 미들급 선수였다.

경기는 엔드류의 일방적인 공격, 김계윤의 절대적인 열세로 3라운드까지 이어졌다. 4라운드가 시작되기 전, 김계윤의 세컨이 작전 지시를 내렸다.

"KO건 판정이건 어차피 이기기 어려우니까 왼손으로 배를 가격하라고, 녀석이 아까 너에게 배를 얻어맞았을 때 크게 움찔했거든."

김계윤은 4라운드가 시작되자마자 엔드류에게 달려들어 강력한 레프트 보디를 터트렸다. 느닷없이 왼쪽 배를 얻어맞은 엔드류는 욱- 소리를 내며 링 바닥으로 나뒹굴었다.

심판이 텐을 셀 때까지 엔드류는 일어나지 못했고, 김계윤은 통쾌한 역전 KO승을 거뒀다.

김계윤의 역전 KO 승이 확정되자 링 사이드에서 경기를 관전하던 김구 선생이 링 위로 뛰어 올라와 김계윤을 강렬하게 껴안으며 축하를 해주었다.

"자네가 진정 애국자네."

설렁설렁 스포츠

스포츠맨도 자살한다

2010 남아프리카공화국 월드컵 조 예선 독일과 호주의 경기가 벌어지고 있는 독일 벤치에는, 주인 없는 유니폼 한 벌이 놓여 있었다. 등번호 1번이 달려 있는 유니폼의 주인은 로베르트 엔케 전 국가대표 골키퍼의 것이었다. 로베르트 엔케는 남아프리카공화국 월드컵 독일 팀의 주전 골키퍼로 발탁이 되었지만, 2009년 11월 11일 달리는 열차에 몸을 날려 자살했다. 그때 엔케의 나이가 골키퍼로서 한창 절정의 나이인 32살이었다. 엔케는 2002 스페인 축구 명문 FC 바르셀로나에서 뛰었고, 2004년부터는 독일 분데스리가 하노버 팀의 주전 골키퍼로 196경기에 출전했고, 국가대표 골키퍼로 발탁되어 6경기를 소화하고 남아공월드컵대표로 선발된 상태였다.

훌륭한 골키퍼가 많이 나오는 독일은 2002 한일 월드컵 최우수선수에 빛나는 올리버 칸이 은퇴한 이후 옌스 레만이 2008 유럽컵 축구대회를 끝으로 은퇴, 사실상 엔케 시대로 접어들었다.

독일 대표 팀의 요하임 뢰프 감독도 엔케를 남아공월드 컵 독일대표팀의 주전 골키퍼로 낙점한 상태였다. 그러나 엔케는 2010년 6월 11일, 남아공월드컵이 열리기 꼭 7개월 전인 2009년 11월 11일 새벽 6시경 하노버의 한 철길에서 달리는 열차에 몸을 날렸다. 엔케는 자살하기 3년 전인 2006년 당시 2살 된 딸 라라를 선천성 희귀 심장병으로 잃 은 후 우울증을 앓기 시작해, 자살할 당시에는 우울증이 더 욱 심해진 것으로 알려졌다. 자살하기 6개월 전인 2009년 5 월에는 먼저 하늘나라로 보낸 딸을 잊기 위해 당시 8개월 된 여자 아기를 입양했지만, 딸을 잊지 못했던 것 같다. 엔 케는 자살하기 직전, 딸의 무덤을 찾아 무덤 위에 "Lala, Papa Kommt(라라, 아빠가 간다)"고 써 놓은 것으로 보아, 먼저 하늘나라로 간 딸이 너무나 보고 싶어서 축구선수로는 최 고의 자리인 독일국가대표 골키퍼, 월드컵 첫 출전 그리고 부인의 사랑 등도 별 위안이 되지 못했던 모양이다. 엔케는 딸을 잃은 후 3~4년 동안 우울증에 시달리면서도 경기에 출전했고, 자살하기 이틀 전에도 정규리그에 출전했었다. 독일은 엔케의 유니폼(영혼)이 지켜보는 가운데 2010 남아공 월드컵 첫 경기, 호주전을 4대 0으로 이겼다. 엔케의 자살 은 우울증이 얼마나 무서운가를 증명하고 있다.

설렁설렁 스포츠

스포츠맨들은 다른 분야의 사람들보다 몸과 마음이 건강한 사람들이다. 그렇지 않으면 엄청난 양의 훈련과 힘든 경기 스케줄을 소화하기 어렵다. 그러나 '정신적인 감기'인 우울증에는 스포츠맨들도 속수무책이다.

우리나라 프로야구도 그동안 김동화(82년 삼미 슈퍼스타즈), 김영신(86년 OB 베어스) 두 사람이 현역시절 각각 성적비관과 포지션 경쟁에서 밀려 자살하고 말았다. 남들이 부러워하는 프로야구 선수가 됐지만, 프로세계에서의 경쟁은 밖에서 보는 것 이상으로 치열하기 때문이다.

메이저리그에서 박찬호와 함께 가장 성공한 선수가 된 추신수 선수도 무명시절에 자살 충동을 느꼈다고 한다. 추신수는 시애틀 매리너스 마이너리그 시절 결혼식도 올리지 않고 21살 동갑내기 아내 하원미 씨와 미국에서 동거생활을 시작했다. 물론 양가의 동의를 얻었지만, 경제적·정신적으로 엄청 어려웠다. 추 선수도 힘들었지만 하원미 씨가 너무나 견디기 힘든 나머지 우울증에 걸렸고, 보다 못한 추 선수는 동반 자살하고 싶은 충동까지 느꼈다고 한다. 당시 하원미 씨는 모든 것이 복합적으로 힘들었다고 한다. 첫아들 무빈이를 낳았지만, 경제적·육체적 그리고 마음가짐도 전혀 준비가 안 된 상태에서 아기가 태어나서 뭘 어떻게 해야 좋을지 몰라 세상이 막막했다고 한다. 더구나 추신수가 팔꿈치 부상을 당해서 경제적으로 미국의 밑바닥 생활도 못 하는 처지였었다. 추신수 부부는 그러한 어려움을 극복했기에 지금 성공한 메이저리그 야구선수와 부인으로 세상 사람들로부터 존경을 받는 것이다.

자살, 막상 시도하려는 사람들에게는 그것만이 탈출구 같지만, 자살의 유혹을 극복하면 이 세상에는 살아야 할 이유가 너무나도 많다.

극과 극은 서로 통한다

올림픽은 크게 동계와 하계로 나뉜다.

근대 올림픽은 첫 대회를 1896년 아테네에서 치른 이후 1920 앤트워프 올림픽까지 동, 하계올림픽을 구분하지 않고 개최되었다.

동계올림픽은 1924 샤모니 동계올림픽부터 하계올림픽에서 분리되어, 같은 해에 열리다가, 1992 바르셀로나 하계올림픽과 알베르빌 동계올림픽이 마지막으로 같은 해에 열린 이후, 동계올림픽은 2년 후인 1994 릴레함메르 올림픽이 열렸고, 하계올림픽은 알베르빌 동계올림픽이 열린 지 4년 후인 1996 애틀랜타 올림픽이 개최됨으로써 2년마다 동계올림픽과 하계올림픽이 교대로 열리게 되었다. 1992 알바르빌 동계올림픽 이후 4년 후에 열려야 할 동계올림픽을 2년 후인 1994년 릴레함메르에서 개최함으로써, 다음 동계올림픽은 1998년 나가노, 2002년 솔트레이트시티로 이어졌고, 하계올림픽은 1992년 바르셀로나, 1996년 애틀랜타, 2000년 시드니, 2004년 아테네로 이어졌다.

하계올림픽과 동계올림픽은 스포츠라는 테두리 안에 있지만 성격이 전혀 다르다. 하계올림픽은 육상·수영·체조·축구·테니스·펜싱·역도 등 기후가 춥거나 덥거나 상관없이 즐길 수 있는 종목이 대부분이다. 그러나 동계종목은 스키·스피드스케이팅·아이스하키 등 모든 종목이 추운 지방에서나 즐길 수 있는 종목이다. 따라서 동계올림픽은 4계절 모두 더운 날씨인 남아메리카나 아프리카, 아시아에서도 동남아시아 같은 대륙은 '그림의 떡'이나 마찬가지다.

동, 하계올림픽은 모두 국제올림픽위원회(IOC)에서 주관하고 있지만, 그 규모에서 엄청난 차이가 난다. 하계올림픽은 대개 200개국 안팎의 국가가 참가하고, 개최 종목은 28개 종목, 1만여 명의 선수가 출전해 300개 안팎의 금메달이 걸려 있지만, 동계올림픽은 출전국이 100개국 남짓으로 하계올림픽의 절반밖에 안 되고, 3천 명 안팎의 선수가 출전, 100개 안팎의 금메달이 걸려 있다. 동, 하계올림픽의 개최 종목도 전혀 다르다. 그런데 이제까지 동, 하계올림픽에서 모두 메달을 딴 선수가 4명이나 있다. 그 가운데 미국의 에디 이간은 동, 하계 종목에서 모두 금메달을 획득한 유일한 선수다. 미국의 에디 이간은 1920 앤트워프 하계올림픽에서는 복싱 라이트 헤비급 금메달, 1932 레이크플레시드 동계

설렁설렁 스포츠

올림픽에서는 봅슬레이 4인승에서 금메달을 따내 동, 하계 올림픽에서 모두 금메달을 딴 유일한 선수로 남아 있다.

캐나다의 클라라 휴즈는 2002 솔트레이크 시티 동계올림픽 여자 스피드스케이팅 5,000m에서 동메달을 획득했는데, 그 이전에는 사이클 선수로 활약, 1996 애틀랜타 올림픽 여자 개인도로에서 2시간 36분 44초의 기록으로 프랑스의 잔느롱고 시프렐리(2시간 36분 13초), 이탈리아의 이멜다 치아파(2시간 36분 38초)에 이어 동메달을 땄다. 클라라 휴즈는 1996 애틀랜타 올림픽 여자 사이클 도로독주에서도 러시아의 줄피야 자비로비, 프랑스의 잔느롱고 시프렐리 선수에 이어 동메달을 차지했다. 클라라 휴즈는 동, 하계올림픽에서 동메달만 3개를 딴 것이다.

사이클이나 스피드스케이팅 모두 하체를 단련하고, 쓰는 근육도 비슷하기 때문에 스피드스케이팅을 잘하기 위해서 사이클 훈련을 한 건데, 사이클 실력이 올림픽에 출전해서 메달을 딸 정도까지 기량이 향상된 것이다.

또한 노르웨이의 자콥 툴린은 1924 샤모니 동계올림픽과 1936 베를린 하계올림픽에서 모두 메달을 땄고, 독일의 크리스타 루딩-로텐부르거는 1984 사라예보 동계올림픽, 88 서울 올림픽에서 각각 메달을 땄다.

최초의 나이트 게임

1955년 배재고등학교에서 벌어진 전국축구선수권대회 결승전은 육군 특무부대와 병참 팀이 올랐다.

두 팀 간의 결승전은 원래 4시경에 열릴 예정이었지만, 앞의 경기가 늦게 끝나는 바람에 오후 5시나 되어서야 킥오프 되었다.

전반전에 1골을 넣은 특무부대가 후반 20분경까지도 1대 0으로 리드를 지켜 우승 가능성이 높았다. 그런데 운동장에 서서히 어둠이 깔리면서 도저히 축구경기를 하지 못할 정도가 되었다. 당시 규정은 경기를 다 끝내지 못하면 다음 날 재경기를 하게 되어 있었다.

참다못한 주심이 경기를 중단시키려고 양 팀 관계자들을 불렀다. 그러자 당시 이승만 대통령 다음으로 파워가 있다는 특무대의 김창룡 장군이 부하들에게 뜻밖의 명령을 내렸다. 김창룡은 주심에게 들으라는 듯이.

"우리 부대에 있는 트럭을 모두 끌고 나와"

그로부터 불과 몇 분이 지나지 않아 헤드라이트를 컨 트럭 수십 대가 배재고 운동장을 훤히 비추기 시작해 마치 대낮처럼 밝아졌다. 국내 최초의 야간 경기였던 것이다.

이후 병참 팀 선수들은 공을 제대로 차지도 못했고, 특무부대는 우승을 차지해 김 장군을 헹가래 쳤다.

실력과 연봉은 정비례 한다

프로선수의 가치를 판단하는 기준이 두 가지가 있다. 하나는 이적료, 또 하나는 연봉이다. 그러나 선수에게 이적료는 원칙적으로 자신이 갖지 못하는 돈이기에, 직접적인 영향을 끼치는 연봉이 더 중요하다.

프로스포츠계에서 가장 많은 연봉을 받는 선수는 2011년, 포뮬러 원(F1) 세계 최고의 선수 스페인의 페르난도 알론소 (페라리)다. 페르난도 알론소는 매년 3,000만 유로 우리 돈으로 465억 원의 연봉을 받는다. 2011시즌 F1 드라이버 평균 연봉은 470만 유로(약 73억 원)다. 알론소는 연봉 외에도 상금, 수당, CF 출연료 등을 합하면 천문학적인 수입을 올리는 셈이다. 페르난도 알론소는 2002년 르노 테스트 드라이버로 F1에 데뷔해 두 번의 월드챔피언에 오르는 등 F1 최고 선수로 인정을 받고 있다.

세계 프로스포츠 양대 산맥인 미국 프로야구 메이저리그와 유럽축구의 최고 연봉 맞대결에서는 메이저리그가 판정승을 거뒀다.

LA다저스의 투수 클레이튼 커쇼로 7년간 2억 1500만 달러, 연봉 기준 3071만 달러 310억 원을 받는다. 반면 유럽축구 최고 연봉 스페인 프리메라리그 레알 마드리드의 크리스티아누 호날두 선수는 약 200억 원 정도를 받는다. 크리스티아누 호날두의 연봉 200억 원은 미국 남자프로농구 NBA 최고 연봉 코비 브라이언트(LA 레이커스)의 약 240억 원보다도 적다.

코비 브라이언트는 팀 우승 5회, 올스타전 출전 12회, 올스타 MVP 4회, NBA 베스트 선정 8회, 수비 베스트 선정 8회 등 화려한 경력을 자랑하는 만큼 최고 연봉을 받을 자격이 충분한 선수다.

국내 프로스포츠 최고연봉은 프로야구 한화이글스에 김태균 선수다. 김태균 선수는 2013년 15억 원을 받았었다. 프로축구는 전북현대 이동국 선수의 15억 원이 가장 많은 것으로 알려져 있다. 프로축구는 프로야구와는 달리 선수들의 연봉 액수를 공개하지 않고 있다.

남자 프로농구 원주 동부의 김주성 선수는 7억 1,000만 원에 당시 최고 연봉을 받은 적이 있다. 김주성은 한국 남자농구 국가대표 부동의 파워포드 겸 센터로 2m 4cm의 큰 키에도 기동력이 좋고 슈팅이 정확하다. 김주성은 신인이

설렁설렁 스포츠

던 2002~2003시즌 8,000만 원으로 시작, 이듬해 2억 2,000만 원으로 연봉이 수직으로 상승했고, 2004~2005시즌 3억 5,000만 원을 거쳐 2005~2006시즌 4억 2,000만 원으로 연봉 1위에 올랐다. 김주성의 역대 최고몸값은 2008~2009시즌의 7억 1,000만 원이었다.

프로배구는 박철우가 현대 캐피탈에서 삼성 화재로 옮겨가면서 3억 원을 받아 최고 연봉선수가 되었다.

박철우는 문성민(현대 캐피탈), 김요한(LIG 손해 보험)과 함께 한국 남자배구의 '빅 3'로 통하는데, 앞으로 세 선수의 최고 연봉 경쟁이 치열할 것으로 예상된다.

여자 프로스포츠는 남자 연봉에 훨씬 미치지 못한다. 국내 여자 프로스포츠 최고 연봉은 농구국가대표 슈팅가드이면서 신한은행의 간판선수인 김단비 선수로 3억 원이다. 김단비에 이어 임영희(우리은행), 신정자(KDB생명) 각각 2억 5천만 원으로 공동 2위를 달리고 있다.

여자 프로배구는 흥국생명에서 현대건설로 옮겨간 미녀 라이트 공격수 황연주 선수가 받는 1억 8,500만 원이 최고 연봉이다.

여자 프로축구는 일본 여자 프로축구 고베 아이낙팀으로 간 지소연이 받았던 5,000만 원이 최고 연봉이었다. 그러나

2010년 17세 이하 피파 세계여자축구선수권대회 우승, 20세 이하 피파여자월드컵 3위 등으로 여자 축구의 위상이 올라가서 국내선수들의 연봉이 수직 상승할 것으로 예상된다.

그밖에 프로골프·테니스·프로복싱·격투기 등 개인 종목 선수들은 일정한 연봉 없이 상금과 출전료, 그리고 CF 출연료 등이 주 수입원이라 천차만별의 수입을 올리고 있다.

설렁설렁 스포츠

영구 결번은 퇴직금과 같다

영구결번은 선수에게 퇴직금 같은 것이다.

선수들은 현역에서 은퇴하면서 소속팀으로부터 아무런 금전적인 보상을 받지 못한다. 직장인은 자신이 속해 있던 직장에서 퇴직금을 받지만, 선수들은 다른 직장이나 코치로 가지 않는 한 은퇴한 날로 백수(白手)가 된다.

소속팀(또는 국가)에서 선수의 뛰어난 업적을 영원히 기리기 위해 은퇴 선수가 현역시절 달던 번호를 후배 선수들이 영원히 달지 못하게 하는 영구결번(永久缺番)제도가 있다. 이 제도는 은퇴한 선수에게는 자자손손(子子孫孫) 자랑할 수 있는 엄청난 퇴직금인 셈이다.

영구결번제도는 미국 프로야구 메이저리그에서부터 시작되었다. 미국 메이저리그 야구에서 처음으로 영구 결번의 영예를 안은 선수는 루게릭병으로 잘 알려진 뉴욕 양키스의 루 게릭이다. 1939년 7월 4일, 루 게릭의 등번호 4번이 뉴욕 양키스의 영구 결번으로 지정되있다. 이후 메이저리그 각 팀에서 120여 명의 등번호가 영구 결번으로 지정되었다.

메이저리그 30개 구단이 모두 쓸 수 없는 등번호도 있다.

1997년 메이저리그 사무국이 최초의 흑인선수 재키 로빈슨의 메이저리그 입성 50주년을 맞아 그의 브루클린 다저스 시절 등번호이던 42번을 메이저리그 최초의 전 구단 영구 결번으로 지정하였다.

또 북아메리카 프로아이스하키리그 NHL에서도 아이스하키 사상 최고의 선수로 꼽히는 캐나다의 웨인 그레츠키의 등번호 99번을 전 구단 영구 결번으로 지정하였다. 웨인 그레이츠키가 어떤 선수인지는 미국의 스포츠 전문채널 ESPN의 설문조사에서 잘 나타났다.

2005년 ESPN에서 21세기 가장 위대한 선수가 누구인지에 대한 설문조사가 있었다. 후보자는 각 종목의 슈퍼스타 6명으로 프로복싱의 무하마드 알리, NBA의 마이클 조던, 메이저리그 베이비 루즈, 북미 아이스하키리그의 웨인 그레이츠키, 축구의 펠레, 올림픽 9개의 금메달에 빛나는 육상의 칼 루이스 등이었다. 투표 결과는 캐나다인 웨인 그레이츠키였다. 그는 선수 생활하는 동안 무려 9번의 정규시즌 MVP를 차지했고, 북미 아이스하키리그 NHL의 모든 기록을 다 바꿔 놓았다. NHL에서 그의 영향력은 절대적이었고, 그

설렁설렁 스포츠

가 은퇴할 때 캐나다 총리가 나서서 은퇴를 만류했고, 3년의 유예 기간을 거치지 않고 은퇴하자마자 바로 명예의 전당에 올라갔으며, 현역 때 달았던 그의 등번호 99번은 팀의 결번 번호가 아닌 NHL 모든 팀의 영구 결번이 되었다. 그는 아이스하키리그의 상징적인 존재가 되었다. 웨인 그레이츠키가 은퇴하는 날 기자가 그에게 "어떻게 당신은 경기에 지배력을 잃지 않고 수없이 많은 기록을 세웠느냐?"고 질문했다. 그는 "지금 퍽이 있는 위치에서 플레이를 하지 않고 퍽이 갈 방향을 미리 짐작하고 플레이를 했을 뿐."이라고 대답했다.

미국남자 프로농구 NBA는 마이클 조던이 시카고 불스 팀에서 쓰던 23번을 30개 구단 모든 선수가 달지 못하도록 했다.

한국 프로야구는 유명선수가 아닌 프로야구 사상 가장 슬픈 사연을 갖고 있는 OB(현 두산)베어스 김영신 선수가 영구결번 1호의 주인공이다.

김영신은 국가대표 출신으로 OB 베어스 팀에 입단했지만 당시 베어스 팀에는 김경문·조범현·정현종 등 막강한 포수진이 있어서 자신이 뛸 자리가 없자 이를 비관한 나머지 한강에 뛰어들어 자살을 했다. 베어스는 김영신의 안타까운 죽음을 기리기 위해 그의 54번을 영구 결번으로 했다. 이후 프로야구는 해태(현 기아) 타이거즈 팀에서 선동열 선수가 달던 18번, 삼성 라이온즈 양준혁의 10번이 영구 결번이 되는 등 많은 선수가 영구 결번의 영예를 누리고 있다.

축구의 경우는 영구 결번을 하기가 더욱 힘들다.

국제축구연맹 FIFA는 일반적으로 1번부터 99번까지 어떤 등번호를 달아도 상관없다고 규정을 해 왔다. 그러나 2002 한일월드컵부터 23명의 출전 선수 가운데 골키퍼는 반드시 1번을 달도록 규정하여 23명의 출전 선수가 1번부터 23번까지 차례로 달아야 한다. 따라서 원천적으로 영구결번을 할 수가 없게 된 것이다.

아르헨티나 축구협회는 2002 한일월드컵대회 때 아르헨티나 월드컵 대표팀 23명의 엔트리에 10번을 제외한 1번부터 24번까지의 명단을 제출하였다. 마라도나가 달았던 10번을 영구 결번으로 하기 위해서였다. 그러나 FIFA는 이를 거절하였다. FIFA 회장인 제프 블레터는 대신 거의 뛸 가능성이 없는 제3의 골키퍼인 로베르토 보나노에게 10번을 달게 할 것을 제안하였다. 결국 아르헨티나 축구협회는 원래 23번을 달고 있었던 아리엘 오르테가 10번을 다는 것으로 명단을 수정하였다. 이후 아르헨티나 선수들은 10번 유니폼

설렁설렁 스포츠

을 달고 경기에 출전하고 있다.

브라질의 축구 전설 펠레가 달던 10번도 그가 속해 있던 브라질의 산토스팀에서만 영구 결번일 뿐 브라질 국가대표 선수들은 공격수가 10번을 달고 있다. 그러나 프로축구 클럽 팀의 경우는 다르다.

이제까지 부산 아이파크(과거 부산 대우로열즈)에서 뛰던 김주성의 16번만이 유일하게 영구 결번의 영예를 누리고 있다. 김주성은 89년부터 91년까지 3년 연속 아시아축구연맹이 선정한 올해의 축구선수로 선정되었다. 부산 대우로열즈팀에서 87년부터 99년까지 13년 동안 255경기(37골, 17어시스트)에 출전했다. 86 멕시코 월드컵, 90 이탈리아 월드컵, 94 미국 월드컵에 한국대표로 출전했다.

네덜란드 프로축구 아약스는 요한 크루이프가 달았던 14번을 영구 결번으로 했고, 이탈리아 프로축구 최고 명문팀 AC 밀란은 전설적인 수비수 프랑코 바레시가 달던 6번, 나폴리는 마라도나가 달았던 10번을 영구 결번으로 했다.

맨체스터 유나이티드는 특이하게도 7번이 영구 결번이 아니라 '영구영광의 번호'로 전해져 내려오고 있다.

조지 베스트·에릭 칸토나·로이 킨·데이비드 베컴·크리스티아누 호날두·마이클 오웬 등이 7번을 달았다.

패하는 데 이골이 난 팀들

서울대학교는 다른 사립대학과는 달리 체육, 예술 분야의 특기자 입학제도가 없다. 아마 서울대에 체육특기자 제도가 있었다면 국내 대학스포츠의 모든 종목을 휩쓸었을지도 모른다.

서울대학교 체육 팀은 공부만해서 서울대에 입학한 학생들이 취미로 스포츠를 즐기다가 경기에 출전하는 경우가 대부분이다. 그래서 서울대 체육 팀들은 모든 대회에서 최하위권을 맴돌기 마련이다.

얼마 전 야구팀이 무려 27년 동안 200전 무승(1무 199패)을 기록하다가 1승을 올려 체육면 뿐만 아니라 사회면까지 기사가 실리기도 했다. 그런데 미국 대학팀 가운데는 서울대 뺨치게 연패를 기록하는 팀이 많다.

미국 LA 인근 패서디나에 위치한 캘리포니아 공대(칼텍)는 동부에 있는 매사추세츠 공대(MIT)와 쌍벽을 이루는 명문대학이다.

1891년에 설립된 이후 31명의 노벨상 수상자를 배출해 세계의 명문 대학 가운데서도 가장 많은 노벨상 수상자가 나왔다. 그러나 칼텍의 스포츠 팀은 매우 약하다.

남자는 농구부를 비롯해 9개, 여자도 역시 농구부를 비롯해서 8개의 운동부가 있다.

그런데 칼텍 농구부가 2011년 2월 24일 세계의 이목을 모았다. 8개 팀으로 구성된 남 캘리포니아 대학 콘퍼런스 (SCIAC)에서 26년 동안 310연패를 마감했기 때문이다. 칼텍팀은 홈에서 벌어진 옥시덴털 대와의 경기에서 46대 45 한 점 차로 꺾고, 1985년 1월 23일 이후 26년 만에 감격의 승리를 거뒀다. 칼텍 팀은 종료 4분 33초 전까지 37대 45, 8점 차로 뒤지다, 상대 팀을 무득점으로 묶어놓고 9점을 내리 넣는 기적 같은 역전승을 올린 것이다. 옥시덴털 대학은 농구광인 버락 오바마 미국 대통령의 모교이기도 하다. 그러나 칼텍 야구 팀은 한술 더 떠서 1988년 이후 33년 동안 콘퍼런스 팀과의 경기에서 415연패를 기록했다.

와일드카드

'와일드카드' 컴퓨터 용어로는 한 디렉토리 내에 여러 개의 파일이 존재하거나 파일 이름의 뒷부분을 정확히 알지 못하는 경우에 유용하게 사용할 수 있는 명령어다. 그리고 카드에서는 자기가 편리한 대로 사용할 수 있는 자유 패 또는 만능 패를 뜻한다.

스포츠 용어로는 일부 스포츠 종목에서 출전자격을 따지 못했지만, 교정에 의해서 특별히 출전이 허용되는 선수나 팀을 뜻한다. 올림픽 축구는 월드컵과 차별화하기 위해서 만 23세 이하만 출전시키는데, 3명 이내로 한정해서 나이 제한 없이 출전시키는 제도를 와일드카드 제도라고도 한다. 테니스에서의 와일드카드는 출전자격이 없는 선수에게 특별히 출전권을 주는 것을 말한다.

테니스에는 4대 그랜드슬램 대회가 있다. 미국오픈(US 오픈), 프랑스오픈, 호주오픈 그리고 윔블던이라고 불리는 영국 오픈을 4대 그랜드슬램 대회라고 하는데, 4대 그랜드슬램은 남녀 각각 124명에게만 출전권이 주어진다. 따라서 대회 출전선수가 확정될 당시 세계랭킹 124위 이내에 들어 있어야 하는데, 128위 이내의 선수 중 부상, 개인 사정 등으로 대회에 나오지 못하는 선수가 생기는데, 그 공백을 개최국 선수나 은퇴한 선수 가운데 복귀하려는 선수, 또는 유망주에게 출전권을 주는 것을 '와일드카드'라고 한다.

4대 그랜드슬램에서 와일드카드를 받고 출전한 선수가 우승을 차지한 경우가 딱 한 번 있다. 벨기에의 주부여자 선수 킴 클리스터스다.

킴 클리스터스는 2007년 5월 바르샤바 대회에서 1라운드에 탈락하면서 곧바로 은퇴를 선언했다. 킴 클리스터스는 두 달이 지난 7월 미국 농구선수 브라이언 린치와 결혼했고, 결혼 7개월만인 2008년 2월 첫딸 제이다를 출산했다. 한때 세계랭킹 1위였던 킴 클리스터스에게 테니스는 '영혼'과 같은 존재였다. 킴 클리스터스는 은퇴 2년만인 2009년 미국오픈에서 재기를 노렸다. 물론 2년간 성적이 없었기 때문에 와일드카드를 받아서 출전할 수밖에 없었다. 킴 클리스터스는 2년간 공백이 있었던 선수답지 않게 승승장구해세계 최강 흑인 자매 비너스 윌리엄스와 서리나 윌리엄스를 예선과 준결승전에서 모두 제압하고 결승전에 올랐다. 킴 클리스터스는 결승전에서 덴마크의 캐롤린 워즈니아키 선수를 2대 0으로 꺾고 와일드카드 선수로는 처음으로 우승을 차지하는 쾌거를 이뤄냈다.

미국의 4대 스포츠 야구·농구,·아이스하키·미식축구 가운데서도 가장 인기 있는 스포츠가 미식축구다.

미식축구 NFL은 일찌감치 와일드카드제를 도입했다. 메이저리그에서는 1995년 시즌부터 NFL의 와일드카드제를 벤치마킹했다. NFL의 포스트 시즌에는 아메리칸콘퍼런스(AFC)와 내셔널콘퍼런스(NFC)에서 각각 여섯 팀이 진출한다. 각 콘퍼런스 4개 디비전의 1위 팀들은 당연히 진출하고, 나머지 팀들 가운데 승률이 높은 두 팀이 마지막 남은 2장의 티켓을 얻는 것을 와일드카드라고 한다. 따라서 와일드카드를 받아서 포스트 시즌에 진출하는 팀들의 전력이 아무래도 떨어져서 우승을 하기가 어렵다. 그런데 2011 시즌 와일드카드로 포스트 시즌에 오른 그린베이가 슈퍼볼 우승트로피를 안았다.

그린베이는 NFC 북부 디비전에서는 10승 6패로 2위에 그쳤지만, 포스트 시즌에서는 필라델피아, 애틀랜타, 시카고 팀 등을 차례로 물리치고 승승장구해 슈퍼볼에서 피츠버그 스틸러스를 31대 25로 물리치고 1997년 이후 14년만에 통산 4번째 슈퍼볼 주인공이 되었다. 와일드카드로 포스트 시즌에 오른 팀이 슈퍼볼의 주인공이 된 것은 2001년 볼티모어,

설렁설렁 스포츠

2006년 피츠버그, 2008년 뉴욕 자이언츠에이어, 2000년대 들어서 그린베이가 4번째였다.

메이저리그는 2002년 시즌에 사상 처음 와일드카드를 얻어서 포스트 시즌에 오른 팀끼리 월드시리즈를 펼치는 진기한 장면이 연출되었다. 메이저리그는 아메리칸리그 동·중·서부지구 우승팀 3팀, 내셔널리그 동·중·서부지구 우승팀 3팀 등 6팀에 각 리그 산하 지구에서 2위를 한 3팀 가운데 성적이 좋은 두 팀이 와일드카드를 받아서 포스트 시즌에 진출한다. 그런데 2002년 메이저리그는 아메리칸리그에서 와일드카드를 얻은 애너하임 에인젤스 팀이 뉴욕 양키스와 미네소타 트윈스팀을 물리치고 아메리칸리그 정상에 올라 월드시리즈에 진출했다.

내셔널리그에는 샌프란시스코 자이언츠팀이 와일드카드를 받아서 애틀랜타 브레이브스와 세인트루이스 카디널스를 잇따라 물리치고 역시 월드시리즈에 올랐다. 와일드카드를 얻어서 포스트 시즌에 진출한 두 팀이 맞붙은 2002년 월드시리즈는 애너하임 에인젤스 팀이 샌프란시스코 자이언츠 팀을 4승 3패로 물리치고 대망의 월드시리즈를 제패했다. 1997년에는 플로리다 마린스가 와일드카드로 포스트 시즌에 진출해서 월드시리즈 정상에 오르기도 했다.

왁스? 왝스?

스포츠에는 장비가 필요한 종목이 많이 있다. 물론 좋은 장비는 경기력 향상에 절대적인 역할을 한다. 그러나 우리들의 눈에 보이는 스케이트·스틱·라켓·배트·글러브 같은 장비 외에도 장비가 잘 효과를 발휘하도록 하는 물질들이 있다.

스키선수들이 스키에 뿌리는 왁스, 야구 투수들이 손에 바르는 로진과 타자들이 배트에 뿌리는 칙칙이, 그리고 핸드볼 선수들이 손바닥에 바르는 송진 등이다.

2011 아스타나, 알마티 동계올림픽에서 한국 여자 크로스컨트리의 간판스타 이채원 선수가 10km 크로스컨트리에서 값진 금메달을 획득했다. 이채원의 동계 아시안게임 금메달은 한국 남녀 크로스컨트리 사상 아시아 무대에서 처음 정상에 오른 것이다.

키 1m 54cm 체중 48kg의 작은 체격인 이채원은 중학교 1학년 때 크로스컨트리를 시작하여, 대화고등학교 때 국가대표로 선발되어 20년 가까이 동계올림픽과 동계아시안게임에 수차례 출전했지만 단 한 번도 입상을 하지 못했다. 그러나 국내 대회에는 거의 독보적인 존재였다. 동계체전에서 4관왕을 6차례나 했고, 체전에서만 모두 60개의 금메달을 따서 동, 하계 체전 사상 최다 금메달리스트가 되었다. 이같이 '우물 안 개구리' 신세를 면치 못했던 이채원이 2011 아스타나 알마티 동계아시안게임 여자 10km 프리스타일에서 대망의 금메달을 딴 것이다. 이채원이 금메달을 따자 최종인 대표 팀 코치는 왁스가 결정적인 역할을 했다고 말해 스키에 대해 잘 알지 못하는 사람들을 어리둥절하게 했다.

도대체 왁스는 스키에서 어떤 역할을 하는 것인가?

크로스컨트리 대표 팀의 최종인 코치는 이채원이 여자 10㎞ 프리스타일에서 깜짝 금메달을 따낸 것을 두고 "왁스칠이 정말 잘 됐다"고 말한 것이다. 크로스컨트리는 동계 스포츠에서 체력소모가 가장 많은 종목이다. 더구나 10km 경기는 마라톤이나 마찬가지다. 그래서 스키 밑바닥에 눈과의 마찰을 최소화하기 위해서 왁스를 바른다. 그날 이채원은 스키가 잘 미끄러지도록 돕는 '스피드 왁스'를 적절히 이용하면서 더 빠른 속도로 전진해 나갈 수 있었던 것이다.

크로스컨트리에서 왁스칠은 성적의 20~30% 정도를 좌우

할 정도로 비중이 크다. 이는 위에서 밑으로 내려오는 알파인(활강, 회전 대회전 등) 종목도 마찬가지다. 아마 알파인 종목이 더 중요할지도 모른다. 눈의 상태, 즉 설질은 스키장의 표고 차, 바다나 호수가 얼마나 가까운지, 당일 온도와 습도 등에 따라 달라진다. 그때그때 설질에 맞는 왁스를 선수의 스키에 적당히 칠해 줘야 선수가 좋은 경기력을 발휘할 수 있는 것이다.

로진 백은 프로야구 투수들이 '투수 마운드' 밑에 두고, 공을 던지기 직전에 손에 바르거나, 비가 내리면 뒷주머니에 넣고 바르는 것이다. 로진 백은 투수가 공을 던질 때 손에서 공이 착 달라붙는 역할을 한다. 로진 백에서 나오는 백색가루만 바르면 공이 잘 미끄러져서 컨트롤을 하기가 더 어려워진다. 그러나 손에서 나오는 땀과 백색가루가 적당히 혼합되면 점성이 생겨서 공이 손바닥에 착 달라붙는 느낌을 줘서 던지기 편해지는 것이다. 프로야구 투수들은 대체로 국내산보다 미국산이 가루가 덜 날려서 선호한다.

2010년 시즌까지 롯데 자이언츠에서 뛰었던 카림 가르시아 선수는 멕시코에서 어머니가 한국에 들어올 때 '멕시코산' 송진 가루를 가져오라고 부탁해서 '송진과 쌀'을 집어넣어서 만든 '특수 로진 백'을 만들어 자신도 사용하고, 팀 동

설렁설렁 스포츠

료들에게 나눠줘서 호평을 받기도 했다. 투수들이 로진 백의 도움을 받는다면 타자들은 스프레이, 즉 칙칙이를 방망이에 뿌려서 방망이가 손에서 미끄러져 나갈 가능성을 줄인다. 프로야구 선수들은 초창기에는 모기약 같은 통에 든 칙칙이를 사용했지만, 최근에는 환경오염 때문에 끈적끈적한 헝겊으로 배트를 문질러 주는 것으로 대신하고 있다.

핸드볼 선수들은 구기 종목 가운데 유일하게 손바닥에 송진을 바른다. 왁스라고도 불리는 송진은 선수들이 핸드볼 공을 잡아서 슈팅을 하거나, 드리블 또는 패스를 할 때 손에서 미끄러지지 않게 하기 위함이다. 또한 왁스가 드리블을 할 때 적당히 탄력을 주기도 한다. 그래서 핸드볼 선수들은 한 경기를 치르고 나면 개구쟁이들처럼 손바닥이 까맣게 변한다.

'왁스(WAGS·Wives And Girlfriends)'는 '축구선수의 여자친구, 아내'를 지칭하는 조어다. 세계적인 권위를 자랑하는 옥스퍼드 사전에도 등재되어 있다.

'왁스'라는 단어가 처음 등장한 것은 1950년대부터였다. 그러나 본격적으로 쓰이기 시작한 것은 1960년대부터였다.

1960년대 잉글랜드 축구의 전설 보비 무어의 첫 번째 아내 티나 무이가 유명 축구선수의 애인이라는 이유로 날마다 스포트라이트를 받기 시작했다. 티나는 가정부를 이용해 이웃의 차 트렁크 속에 숨어 외출을 해야 했을 정도로 극성팬들로부터 시달려야 했다.

이후 1970년대 80년대 '왝스'라는 단어가 고어(古語)처럼 사라지는가 싶더니, 1990년대 프리미어리그 선수들의 주급이 엄청나게 오르면서 다시 화려하게 등장했다. 프리미어리그 선수들은 월급이 아니라 주급으로 연봉을 받는데, 초특급이 아니라 특급정도의 주급을 받았던 박지성 선수도 맨체스터 유나이티드 팀에서 세금을 제하기 전에 1억 2천만 원 정도씩을 매주 꼬박꼬박 받았었다.

당시 잉글랜드 최고의 '이슈메이커' 데이비드 베컴과 스파이스걸스 출신의 빅토리아 커플의 등장은 본격적인 '왝스' 시대를 알렸다.

스포츠계와 연예계 최고 스타의 결합은 만남에서부터 결혼까지, 결혼 이후에도 수많은 스캔들을 쏟아냈다.

빅토리아는 연예계에서 과거만 못한 영향력을 보이고 있지만, 베컴의 부인으로 왝스계의 최고 인기녀로 군림했었다. 그리고 2000년대 들어서는 영국 소녀들의 설문조사에서 장래희망 2위로 '왝스'를 꼽을 정도로 자리를 잡았다. 특히 2006 독일월드컵 때는 잉글랜드 선수들의 왝스는 월드컵 내내 아침 식단부터 쇼핑 목록까지 낱낱이 언론에 공개되어 유명세를 톡톡히 치러야 했다.

‘왝스’에 대해서 사회 일부에서는 여성의 가치가 남성의 성공여부에 좌우되는 구시대적인 발상이라며 우려를 드러내기도 했다. 하지만 앞으로 축구 선수들의 인기가 지속되는 한 그들의 동반자 ‘왝스’ 역시 자신의 영향력을 더욱 확장할 것으로 보인다.

용병(傭兵)은 외로워

　용병은 고대부터 자국민을 보호, 부족한 병력을 보충하기 위해서 흔히 사용되어 오던 제도로서, 교황청의 외병, 프랑스의 외인부대가 가장 유명하다.

　스포츠에서는 자국 팀의 경기력 향상을 위해서 외국선수 영입제도를 두고 있는데, 그때 수입된 외국선수를 용병이라고 한다.

　미국 프로야구 메이저리그나 유럽축구 등은 용병 선수제도가 매우 활성화되어 있어서, 어떤 팀은 자국 선수보다 용병 선수가 더 많을 정도다.

　한국의 용병 선수로는 1970~80년대 독일 분데스리그에서 활약했던 차범근 선수가 가장 유명했고, 1990~2000년대 메이저리그에서 뛰었던 박찬호, 80~90년대 이탈리아 프로배구 김호철, 스위스 프로핸드볼 그라스호퍼팀 등에서 활약했던 남자 핸드볼의 강재원, 그리고 2000년대 일본 프로야구 요미우리 자이언츠 팀의 4번을 쳤던 이승엽, 일본과 터

설렁설렁 스포츠

키프로배구의 김연경 등이 대표적인 수출 용병 선수다.

우리나라 스포츠의 본격적인 '수입 용병제도'는 프로야구에서부터 시작되었다. 1983년 재일교포 장명부·이영구 등이 들어오면서 용병 수입제도가 활성화되기 시작했다. 그리고 프로야구에 재일교포가 아닌 본격적인 외국선수가 영입되면서 이제 특급용병 선수 없이 우승한다는 것은 상상도 할 수 없게 되었다.

2009년 기아 타이거즈 우승에 아킬리아노 로페즈 투수가 14승 5패(방어율 3.12)로 에이스 역할을 했고, 2010년 SK 와이번스 우승은 카도쿠라 겐(14승 7패 방어율 3.22) 투수가 김광현 투수와 함께 원투펀치 역할을 했기 때문에 가능했었다. 그러면 프로야구 역대 용병 가운데 최고 선수는 누구였을까? 타자와 투수 가운데 한 명씩 고르면 타자는 두산 베어스에서 뛰었던 타이론 우즈, 투수도 역시 두산 베어스에서 활약했던 다니엘 리오스를 꼽을 수 있다. 다니엘 리오스는 기아 타이거즈와 두산 베어스에서 활약했는데, 특히 2007년 최고의 한 해를 보냈다. 다니엘 리오스는 2007년 33경기에 마운드에 올라 22승 5패 방어율 2.07을 기록했다. 다승(22승), 방어율(2.07), 승률(0.815) 3관왕을 차지하며 외국선수로는 처음으로 정규리그 최우수선수로 선정되었다. 리오스는 빠른 직구와 현란한 변화구 그리고 공격적인 투구로 리그 최고의 투수로 자리매김했는데, 특히 항상 남을 배려하고 존중하는 인간미가 돋보였다. 그러나 일본 프로야구 야쿠르트 스왈로스로 팀으로 가는 과정이 깨끗하지 못했고, 야쿠르트 팀에서는 별다른 활약을 보여주지 못하다가 도핑테스트에서 약물양성 반응으로 퇴출당하면서 미국으로 쫓겨 가듯이 돌아갔다.

역시 두산 베어스에서 뛰었던 타이론 우즈는 2000년 두산에 입단하자마자 127경기에 모두 출전, 타율 0.315, 39홈런, 111타점을 기록하며 심정수·김동주와 함께 두산의 클린업 트리오로 맹활약하며 지명타자 부분 골든글러브상을 받았다. 우즈는 4년 연속 30홈런을 기록하며 2001년 두산 베어스 우승에 결정적인 역할을 했다. 프로 통산 0.294의 타율에 174홈런 510타점을 기록, 당시 전성기를 구가하던 삼성 라이온즈 이승엽과 쌍벽을 이뤘다. 우즈는 일본 프로야구 주니치 드레건스 팀으로 가서 4번 타자로 맹활약하며 일본 프로야구에서도 최고의 강타자로 활약했다.

남자 프로농구는 현대 시절 이상민과 함께 막강 콤비를 이뤘던 조니 멕도웰, 대구 오리온즈를 두 차례나 정상에 올려놓았던 마르커스 힉스, 전주 KCC에서 리바운드, 블록 슛 등 주로 궂은일을 맡았었던 제키 존슨, 안양 SBS 15연승의 주역 단테 존스 등이 있지만, 역시 2003~04시즌에 KBL 외국

설렁설렁 스포츠

인 드래프트 1위에 전주 KCC에 지명되었던 찰스 민랜드의 꾸준함에는 미치지 못한다.

찰스 민랜드는 2003~04시즌 득점 1위, 리바운드 2위, 2004~05시즌 득점 2위, 2005~06시즌 득점 2위 등등 화려하진 않지만 꾸준한 득점으로 최고 용병으로 불리고 있다.

프로배구 용병으로는 삼성 화재의 두 용병 레안드로와 가빈 두 선수가 가장 뛰어난 플레이를 했다. 두 선수 모두 엄청난 높이에서 내리 꽂는 백어택과 스파이크 그리고 강력한 서비스가 장점이다. 레안드로는 2006~07시즌 올스타전 때 무려 117km의 강서브를 집어넣어 아직도 깨지지 않는 기록을 세웠었다. 레안드로와 가빈 두 선수의 차이는 범실에 있다. 레안드로는 삼성에서 뛸 때 한 경기 평균 10개의 범실을 기록했다. 공격과 수비 그리고 범실 등을 종합해 보면 레안드로보다 가빈이 팀 기여도가 높다고 할 수 있다.

프로축구에는 초창기 럭키금성에서 활약했었던 태국축구 영웅 피아퐁을 빼놓을 수가 없다. 피아퐁은 럭키금성 황소축구단(현 FC서울)의 창단 멤버이자 1980년대 최고의 용병으로 꼽히는 선수다. 피아퐁은 1984년에 럭키금성 팀에 입단해 3년 동안 팀의 간판 스트라이커로 활약했고, 1985년에는 외국인 선수 최초로 득점 상(12골)과 도움 상(6개)을 동시에 수상하며 팀 창단 이후 첫 우승에 결정적인 역할을 했다.

또한, 보스니아 출신으로 포항 스틸러스에서 뛰었던 라데 보그다노비치는 1992년부터 1996년까지 5년 동안 147경기에 출전해 55골 35도움을 기록했고, K리그 최초 10-10 클럽(10골 10도움) 가입, 94년 득점왕과 MVP 동시 석권 등 최고의 선수로 활약했다. 당시 포항은 수비수 홍명보, 공격수 황선홍이 라데와 함께 전성기를 구가했었다.

인저리 타임

아시안컵과 한국 축구

AFC 아시안컵(Asian cup)은 아시아에서 치러지는 최고권위의 축구대회다. 우승팀에게는 월드컵을 1년 앞두고 월드컵 개최국에서 치러지는 FIFA 컨페더레이션스컵 대회에 아시아를 대표해서 출전한다.

아시안컵은 1956년 홍콩에서 1회 대회가 치러진 이후 1960년, 1964년 등 4년 주기로 열렸지만, 하계올림픽 유럽 축구선수권대회 등과 겹쳐서 2007년부터 홀수 해에 열려오고 있다.

한국 축구는 홍콩, 이스라엘, 남베트남 등 4개국이 출전한 1회 대회와 홍콩, 이스라엘, 대만 남베트남이 참가한 2회(한국 개최) 대회에서 2연패를 한 후 한 번도 정상에 오르지 못하고 있다.

그러니까 아시아 각국이 별로 신경을 쓰지 않았던 초창기에 2연패를 한 후 번번이 정상 정복에 실패하고 있는 것이다.

그동안 1972년(이란 우승), 1980년(쿠웨이트 우승), 1988년 (사우디아라비아 우승) 세 번의 대회에서 주로 중동팀과의 결승전에서 패하더니 2015년 호주 아시안컵에서는 개최국 호주에 패해 준우승에 머물렀다.

최근에는 일본이 좋은 성적을 올리고 있다. 지난 16번의 대회 가운데 일본은 1992년 첫 우승을 차지한 후 2000년, 2004년 그리고 2011년 등 4번 우승을 차지해서 가장 많이 정상에 올랐다. 일본 다음으로는 이란과 사우디아라비아가 각각 3번, 앞서 언급한 한국이 2번 그리고 이스라엘, 쿠웨이트, 이라크, 호주가 각각 한 번씩 우승을 차지했다.

이왕이면 다홍치마

요즘은 미녀(미남)선수가 대세다.

스포츠맨이 실력뿐만 아니라 용모까지 뛰어나면 명예뿐만 아니라 엄청난 부(각종 CF와 후원금)까지 거머쥘 수 있다.

러시아 테니스계 선수 마리아 샤라포바, 미국의 여자 골퍼 크리스티 커와 나탈리 걸비스, 육상 여자 장대높이뛰기 세계기록 보유자 러시아의 엘레나 이신바예바, 수영의 박태환, 피겨스케이팅의 김연아, 리듬체조의 손연재 등이다.

이왕이면 다홍치마라는 말이 있듯이 실력이 뛰어난데다 용모까지 좋으면 경기 외적인 면에서 매우 유리하다.

러시아의 마리아 샤라포바의 실력은 세계랭킹 5위권 안팎이지만, 슈퍼모델 뺨칠 정도의 뛰어난 용모로 CF 등에서 1년에 수천만 달러의 수입을 올린다. 자신이 테니스로 벌어들이는 수입의 수십 배를 테니스 코트 밖에서 벌어들이는 것이다.

국내에서도 피겨스케이팅과 수영에서 세계정상권에 오른

김연아와 박태환이 실력 못지않게 뛰어난 용모가 뒷받침되었기 때문에 엄청난 수입을 올릴 수 있었다. 선수의 뛰어난 용모가 많은 화제를 모은 것은 과거 동독의 여자 피겨스케이팅 선수 카타리나 비트 선수가 원조라고 할 수 있다. 카타리나 비트는 공산권인 동독 선수임에도 불구하고, 미국 영화배우 브룩실즈를 연상케 하는 미모에 여자 피겨스케이팅 선수로는 약간 큰 키(1m 66cm)에 볼륨 있는 몸매를 갖고 있었다. 카타리나 비트는 특히 '비제의 카르멘'을 배경음악으로 연기할 때 가장 빛이 났는데, 보는 사람들로 하여금 숨을 멎게 할 정도로 매혹적이었다. 카타리나 비트의 유일한 약점인 유연성이 부족해 상체가 뻣뻣했는데도 불구하고, 뛰어난 용모로 커버가 되었고, 표현력·예술성 등은 20여 년이 지난 지금의 선수들과 비교해도 조금도 지지 않았다. 카타리나 비트는 1930년대 올림픽 여자 피겨스케이팅 3연패, 세계선수권대회 10연패의 대 위업을 달성했었던 노르웨이의 소녀 헤니 선수 이후, 처음으로 올림픽 2연패(1984사라예보, 1988캘거리)를 차지한 선수로 남아있다. 카타리나 비트는 이후 영화배우로 전향했다. 카타리나 비트가 원조 미녀 선수라면 영국의 축구선수 데이비드 베컴은 원조 미남 선수라고 할 수 있다. 데이비드 베컴의 축구실력은 스타급 선수는 확실하지만, 펠레·마라도나·베켄바우어·지단처럼 초절정의 슈퍼스타는 아니다.

1999년과 2001년 국제축구연맹 FIFA 최우수선수 2위에 올랐고, 2000년 10월 잉글랜드축구 대표 팀의 주장으로 선임되어 2006 독일 월드컵까지 6년간 잉글랜드 축구대표 팀의 주장 겸 간판 선수였다. 특히 자로 잰 듯이 정확한 프리킥은 상대 골키퍼들의 공포의 대상이었다. 그러나 베컴은 슈퍼스타도 아니고, 월드컵에서의 성적도 그다지 뛰어나지는 않았지만, 세계축구사상 최고의 미남, 초절정 미남의 용모로 세계축구 선수 가운데 가장 많은 수입을 올리고 있다.

1997년 7월 4일 잉글랜드 최고의 인기 걸 그룹 스파이걸스의 빅토리아 아담스와 결혼을 하면서 상승작용을 일으켜 1년에 수천만 달러의 수입을 올리고 있다.

특히 일본에서 가장 인기를 끌어, 그가 숙박하는 호텔방은 그날 이후 '베컴 기념관(방)'이 되어 숙박료가 엄청나게 뛰어오르기도 한다. 베컴의 미남계보를 이어받은 선수가 브라질의 카카다. 포르투갈어로 히카르두 이젝송 두스 산투스 레이치라는 긴 이름의 카카는 브라질 선수로는 보기 드문 백인 선수다. 카카는 '하얀 펠레'로 불리는데, 브라질 축구 역사상 가장 잘생긴 선수로 꼽힌다. 축구실력도 만만치 않아서 2000년대 초반 브라질을 대표하는 선수다. 카카는 2006~2007시즌 유럽최고의 선수에게 주는 발롱드로와 피파 올해의 선수상을 받으며 전성기를 누렸다. 공격형 미드필더로 스피드가 있어서 치고 달리기는 따라올 선수가 없었다. 브라질의 상파울루 FC, 이탈리아 AC 밀란, 스페인 레알 마드리드로 팀을 옮길 때마다 막대한 이적료를 발생시켰다.

한국 축구선수로는 안정환 선수가 축구 국가대표 공격수인데다 조각 같은 얼굴로 CF 등에서 많은 수입을 올렸다.

연필이 나빠서 공부 못했다

　현대 스포츠는 장비싸움이다.

　'비슷한 기량을 가진 선수의 맞대결에서는 좋은 장비를 사용한 선수가 절대적으로 유리하다.'

　'기량 차이가 크지 않으면 좋은 장비로 극복을 하는 경우도 있다.' 장비의 중요성을 알게 해 주는 말이다.

　야구에서 배트의 무게, 배트 손목 부위의 굵기가 타격에 얼마나 작용하는 지는 굳이 언급을 할 필요가 없다.

　투수들은 공의 크기와 무게 그리고 표면의 굴곡 등에 따라서 컨트롤이 크게 달라지기 때문에 공인구에 대해서 예민할 수밖에 없다. 대체적으로 메이저리그 사용구가 일본이나 한국 프로야구 사용구보다 약간 크다. 그리고 피겨스케이트 선수가 스케이트 날 상태에 따라서 연기를 하는데 얼마나 영향을 끼치는지 김연아 선수의 경우에서 볼 수 있었다. 스피드스케이팅 선수들도 항상 스케이트 날 상태를 예민하게 체크한다.

스키 선수들은 당일 눈의 상태에 따라서 왁스칠을 해야 하는데, 스키와 함께 왁스가 경기력에 미치는 영향은 절대적이다.

프로복싱 경기를 할 때마다 어느 나라가 만든 몇 온스짜리 글러브를 사용하느냐는 링 위에 올라서는 두 선수에게는 매우 중요하다. 멕시코 글러브 6온스는 거의 80%의 KO율을 갖고 있고, 일제 글러브는 한 50% 정도 된다. 우리나라 선수들이 홈 링에서 시합을 하면 대부분 일제 글러브를 사용했었다.

이제는 우리나라도 국산 글러브를 만들어 내는데, 80년도만 해도 국산 글러브를 만들지 못했다. 과거에 동양은 거의 일제 글러브를 끼고, 서양은 멕시칸 글러브를 끼고 싸워야 했다. 그러다 보니까 서양 선수들이 KO율이 더 높았다.

또한, 경기를 하는데 도구가 필요한 선수들, 테니스나 배드민턴·탁구의 라켓은 거의 자신의 생명이나 마찬가지다. 라켓 줄의 강도도 자신의 체중이나 파워에 맞게 조절해야 하는 것은 기본이고, 라켓의 손목부위도 자신이 잡기 편하게 조절해 놓는다. 라켓이 필요한 선수들은 한 대회를 치르는데 최소한 5개 많으면 10개 이상씩 들고 다니면서 수시로 바꿔 쓴다. 다른 종목과 마찬가지로 1급 선수들은 라켓을 용품회사로부터 무제한 공급을 받지만 그렇지 못한 선수들에게 라켓 값은 큰 부담이 된다.

장비의 무게가 만만치 않은 선수들, 야구의 포수나 아이스하키 또는 필드하키 골키퍼 같은 선수들은 원정경기나 훈련을 하러 외국에 나갈 때 공항에서 '제한 무게'를 걱정해야 할 정도다.

승마(말), 조정이나 카누, 사이클 그리고 육상의 장대높이뛰기 선수나 10종(여자는 7종), 철인 3종목 선수들은 장비를 특수 화물로 부쳐야 한다. 대회에 출전하는 비용 가운데, 특수 화물 수송비용이 차지하는 비중이 만만치 않다. 더구나 도난이나 사고에 대비해서 보험에 들어놔야 한다.

승마의 경우 검역 문제 때문에 입국이 되지 않아서 특별한 지역에서 경기를 해야 하는 경우가 있다. 2008 베이징 올림픽 승마 경기는 중국 대륙에 말의 입국이 어려워 홍콩에서 경기를 치러야 했다.

승마 경기가 올림픽 개최지가 아닌 곳에서 열린 것은 베이징 올림픽이 두 번째였다. 1956 멜버른 올림픽 때는 호주의 엄격한 동물검역절차로 인해 승마경기만 스웨덴의 스톡홀름에서 진행되었다.

베이징 올림픽 때는 원래 베이징 외곽 순이(順義) 지역에 기마 경기장을 만들려고 했다. 그러나 중국이 세계동물위생기구 회원국이 아닌데다, 베이징시의 기마검사, 보양 및

설렁설렁 스포츠

출입국 관리, 질병 치료 등이 국제기준에 미달해서 홍콩에서 경기를 하게 되었다. 승마 경기에 참가하는 말은 보통 100만 달러가 넘는데, 올림픽 승마경기에 출전하는 선수들이 각종 위생 절차가 검증되지 않은 베이징에 자신의 애마(愛馬)를 보내기 꺼렸던 것이 결정적인 이유였다.

하계 종목 가운데 대표적으로 많은 장비가 필요한 야구의 포수는 헬멧·프로텍터·마스크·렉가드(남성 보호대 포함)·미트 등 10kg 가까운 장비를 들고 다녀야 한다. 가격도 만만치 않아서 모든 장비를 갖추려면 선수용은 수백만 원을 줘야 한다. 1군 선수들은 용품회사로부터 협찬을 받지만 2군 선수들은 자신이 사야 한다. 잘사는 사람은 더 잘살고 못사는 사람만 죽어나는 빈익빈 부익부(貧益貧 富益富)가 여기서도 작용을 하는 것이다.

아이스하키 선수들은 예외 없이 중장비를 갖춰야 한다. 아이스하키용 스케이트·팬츠·보호대 세트(렉가드, 가슴보호대 등)·헬멧·두꺼운 장갑·스틱·도구를 넣을 수 있는 가방까지 합하면 10kg이 넘는다. 그리고 필드 플레이어보다 더욱 중무장을 해야 하는 아이스하키 골키퍼는 15kg이 넘는다.

필드하키 필드플레이어는 약간의 보호 장구를 갖추면 되지만, 골키퍼는 아이스하키 골키퍼 정도의 중무장을 해야 한다.

스포츠계의 종결자들

일본 프로야구 왕정치의 생애 통상 868개의 홈런은 메이저리그에서는 인정하기 어렵겠지만, 깨기 힘든 기록이다. 왕정치는 요미우리 자이언츠 팀에서 1959년에 데뷔, 1980년까지 22년 동안 868개의 홈런을 쳤는데, 이는 현역시절 동안에 매년 39개의 홈런을 때려야 달성할 수 있는 기록이다. 왕정치는 통산 2,831경기에 출전, 3.2경기당 한 개의 홈런을 양산해 냈다. 162게임을 치르는 메이저리그식으로 환산하면 매년 50개의 홈런을 때릴 수 있는 능력이 있는 셈이다. 또한 9,250타수를 기록했으니까 거의 10타수 만에 한 개의 홈런을 쳤다. 왕정치는 22년의 선수생활 동안 15번이나 홈런왕에 올랐다.

세계에서 가장 야구를 잘하는 선수들이 모여 있는 메이저리그에도 왕정치에 못지않은 기록을 세운 선수들이 있다.

4,256안타의 피트 로즈, 511승의 사이영, 56경기 연속게임 안타를 기록한 조 디마지오, 단일시즌 191타점의 핵 윌슨,

설렁설렁 스포츠

2,362게임 연속 출전의 칼립 켄 주니어, 그리고 130개 도루를 단일 시즌에 기록한 리키 핸더슨 등등...... .이 가운데 메이저리그 명예의 전당 멤버에 끼지 못한 선수는 피트 로즈다. 피트 로즈는 3,562게임에 4,256안타를 기록, 한 경기당 1.2개에 가까운 안타를 양산해 내는 초인적인 기록을 세웠다. 피트 로즈는 1960년에 자유계약으로 신시네티 레즈에 입단, 그해 4월 8일 피츠버그 파이러츠와의 시즌 개막전에 선발 출장하면서 메이저리그에 데뷔했지만, 3타수 무안타에 머물렀다. 4월 9일과 10일의 필라델피아 필리스와의 2연전에서도 8타수 무안타를 기록하는 등 데뷔 이후 11타수 무안타를 기록하고 있었다. 4월 13일 경기에서도 첫 타석에서 유격수 땅볼로 아웃된 피트 로즈는 14타석 연속 무안타에 그치다가 8회에 4번째 타석(데뷔 15번째 타석)에서 3루타를 기록하면서 메이저리그 데뷔 첫 안타를 기록했다. 이후 한 시즌 200안타를 10번이나 기록하면서 86년 은퇴할 때까지 27시즌 동안 4,256안타의 대기록을 작성했지만, 은퇴 후 신시네티 레즈 감독으로 있으면서 자신의 경기에 돈을 걸고 도박한 것 때문에 명예의 전당에 들어가지 못하고 야구계의 낭인으로 찍히고 말았다.

카림 압둘 자바는 미국 남자프로농구 NBA에서 20년 동안 활약하면서 38,387점을 기록했다. 1969년에 밀워키 벅스에서 NBA 선수생활을 시작, 1975년까지 6년 동안 밀워키 벅스팀에 있다가 이후 LA 레이커스팀에서 선수생활을 마칠 때까지 꼭 20년 동안 38,387점을 기록한 것이다. 이 기록은 매년, 1,919점을 꾸준히 기록해야 하고, 1,560경기에 출전했기 때문에 매 경기 24.6점을 넣어야 했다. 또한, 당시는 3점 숫이 없었기 때문에 1점(프리드로우), 2점씩 차곡차곡 쌓아가야만 했던 엄청난 기록이었다.

축구에서는 공식, 비공식 모두 브라질의 펠레가 가장 많은 골을 기록하고 있다. 2011년 1월 20일 국제통계역사제단(IFFHS)은 1888년부터 2010년까지 축구클럽 팀 공식경기에서 많은 골을 기록한 상위 313명의 선수를 공식 발표했다.

펠레는 1957년부터 1977년까지 브라질과 미국에서 560경기를 뛰며 618골을 기록해 1위에 올랐다. A매치에서는 77골을 기록했다. 이것은 경기당 1.10의 놀라운 득점력이 아닐 수 없다. 그러나 펠레는 자신은 생애 통산 1,281골을 넣었다고 주장하고 있는데, 그의 주장이 사실이라면 나머지 663골은 비공식 경기에서 넣은 것이다.

사각의 링 위에서 싸우는 프로복서에게는 '검은 별'이 붙게 마련이다. 패배를 뜻하는 검은 별은 핵주먹 타이슨, 무하마드 알리, 슈가레이 레어너드 등 복싱의 달인들도 피해

갈 수 없었다. 그러나 미국의 전설적인 복서 로키 마르시아노는 지구상에 프로복싱이 생긴 이후 검은 별을 한 번도 보지 않고 은퇴를 한 유일한 선수로 남아있다. 1950년대 헤비급 복서로 활약했던 로키 마르시아노는 WBA 헤비급 세계챔피언을 지내면서 49전 전승 43KO(KO율 87%)승이라는 압도적인 기록을 남겼는데, 그렇다고 약한 선수만을 상대했던 것은 절대로 아니었다.

헤비급 세계타이틀을 25차례나 방어했던 조 루이스를 8라운드 KO로 잡았고, 전설적인 복서 아치 무어도 9회 KO로 눕혔다.

미국의 권위 있는 복싱 잡지 ≪Ring≫은 1952년, 1954년, 1955년 3번이나 그해 최우수복서로 로키 마르시아노를 선정했었다.

미국의 남자 수영선수 마이클 펠프스는 2008 베이징 올림픽에서 혼자서 8개의 금메달을 획득했다. 이는 웬만한 국가가 총력전을 기울여도 따기 어려운 기록으로, 혼자서 출전했더라도 금메달 7개로 종합 10위를 차지한 프랑스를 제치고 종합 10위에 올랐을 것이다. 마이클 펠프스는 자유형 200m, 개인혼영 200m, 개인혼영 400m, 계영 400m, 계영 800m, 혼계영 400m, 접영 100m, 접영 200m에서 각각 금메달을 차지했다. 이것은 본인의 실력과 함께 미국이라는 수영 강국 선수라 가능했던 기록이었다. 만약 펠프스가 미국 선수가 아니었다면 5관왕까지는 확실하나 더 이상의 금메달은 불투명했을 것이다. 그는 2004아테네 올림픽에서는 6개의 금메달을 획득했고, 2012 런던올림픽 때 4개를 추가해 모두 18개의 금메달로 동, 하계올림픽 사상 개인 최다금메달을 갖고 있다.

도사들

스포츠계에서 그 종목의 달인들에게 붙여지는 별명에는 공통적인 특징이 있다.

농구의 초특급 선수에게는 황제 또는 대통령이 붙는다. 미국의 마이클 조던과 허재가 대표적인 경우다. 농구황제 마이클 조던, 농구 대통령 허재는 현역시절에 너무도 많이 불리던 별명이다.

축구도 역시 황제가 대표적이다. 축구황제 펠레, 유럽의 축구황제 베켄바워……

육상 선수에게는 빠르다는 의미의 별명이 붙는다, 인간 기관차 에밀 자토벡, 인간탄환 우사인 볼트, 그리고 수영선수에게는 물에 관한 별명이 대세를 이룬다. 인간 어뢰 이언 소프, 마린보이 박태환, 인간물개 마이클 펠프스와 조오련 등이다. 그러나 배구에서는 도사가 가장 영예로운 별명이다. 물론 아시아의 거포 강만수, 월드스타 김세진, 핵폭탄 가빈 슈미트 같은 별명도 있지만 도사라는 별명은 그 선수가 공격과 수비를 모두 잘한다는 뜻을 갖고 있기 때문에 팀에서는 꼭 필요한 선수라고 할 수 있다.

농구에서는 '훌륭한 센터는 관중을 즐겁게 하고, 좋은 가드는 감독을 기쁘게 한다'는 말이 있다.

즉, 센터보다는 가드가 팀에 좋은 성적을 올리는 데 더 크게 기여한다는 뜻이다.

배구에서는 강력한 스파이크는 관중을 즐겁게 하지만 좋은 디펜스는 감독을 기쁘게 한다는 말이 있다.

화려한 스파이크보다 눈에 띄지 않는 좋은 수비가 팀 승리에 더 많이 기여한다는 뜻이다. 그래서 공격만 좋거나 수비만 잘하는 선수는 반쪽짜리 선수라는 소리를 듣지만, 공격과 수비에서 모두 능한 선수는 도사라고 부른다.

한국의 배구도사들은 80~90년대 명 플레이어 노진수, 박희상 등이 있었고, 2000년대까지 활약했던 신진식을 거쳐서 삼성화재의 석진욱, 그리고 대한항공의 곽승석에 이르고 있다.

5장.

먼저 피가 나면 진다고?

지체 높으신 선수들

1976 몬트리올 올림픽의 개회사는 영연방 최고 주권자인 엘리자베스 여왕이 했다. 여왕은 먼저 프랑스어로 그 다음에 영어로 개회를 선언한 뒤 1시간 20분 정도 로열박스에 앉아서 개막식을 지켜봤다.

영국 팀 선수가 입장할 때 영국선수단에는 엘리자베스 여왕의 딸인 앤 공주도 있었다. 앤 공주는 영국의 승마대표 선수로 출전했다. 그러나 앤 공주는 연기 도중 말에서 떨어지는 등 부진한 성적을 남겼다. 앤 공주의 딸 자라 필립스 공주도 엄마처럼 승마경기 도중 낙마해서 부상을 당했다. 엄마 앤 공주가 올림픽에서 낙마를 한 지 31년이 지난 2007년 6월 9일 영국 요크셔주 웨더비에서 열린 브램험 국제승마 대회에서 장애물을 넘다가 말의 뒷다리가 덤불에 걸려 균형을 잃으면서 잔디 위로 떨어졌다. 공주는 목과 어깨 부위가 먼저 땅에 닿으면서 떼굴떼굴 굴렀다. 이를 본 관중들은 깜짝 놀랐다. 다행히 필립스 공주는 큰 부상을 당하지는

설렁설렁 스포츠

않았다. 자라 필립스 공주는 2006년 세계승마대회 종합마술 개인전에서 금메달을 따는 등 세계적인 기량을 갖고 있으면서도 가끔 낙마를 하곤 했는데, 2004년에는 낙마를 한 후 의식을 잃기도 했다. 앤 공주나 딸 자라 필립스 공주처럼 개인 종목인 승마선수로 활약하면 상대선수에게 부담을 별로 주지 않지만, 직접 몸과 몸을 부딪치는 종목은 상대 선수가 아무래도 껄끄럽다.

아랍에미리트(UAE)의 세이카 마이하빈트 모하메드 알 막툼(이하 알 막툼)이라는 긴 이름을 가진 공주는 세계격투기 무대에서 잘 알려진 선수다. 알 막툼은 2002 부산 아시안게임에 가라데 선수로 출전했고, 2006 도하 아시안게임 여자 구미테(대련) 60kg급에서는 은메달을 획득했다. 이후 태권도로 전향, UAE 태권도연맹 명예회장으로 있으면서 선수로도 활약했으며, 2008 베이징 올림픽 여자 태권도 67kg급에서 7위에 오르기도 했다. 2002 부산 아시안게임 때는 선수촌에서 머무르지 않고, 1박에 2백 40만 원짜리 호텔 스위트룸에서 묵어서 화제가 되기도 했고, 2008년에는 한국의 영화배우 현빈 씨의 사인을 요청해 오기도 했다. 알 막툼의 아버지 세이크 모하메드 빈 라시드 알 막툼은 UAE 두바이의 통치자이면서 막대한 석유재벌로 세계 10대 부호로 알려져 있다.

한국선수로는 현역 국회의원이 아시안게임에 출전한 적이 있었다.

2010년 3월 18일 사망한 황호동 전 의원은 1973년부터 1979년까지 전라남도 강진·영암·완도를 선거구로 제9대 국회의원(신민당)을 지냈다.

황 의원은 의원직을 수행한 지 1년만인 1974년 테헤란에서 열린 아시안게임에 반강제적으로 출전하게 됐다.

북한이 이 대회에 출전해 역사적인 첫 남북대결의 장이 되면서 동료의원과 대한체육회 관계자들이 국위선양을 위해 출마해달라고 요구를 한 것이다. 당시 그의 나이는 선수 적령기를 훨씬 넘겨버린 40세였다.

황 의원은 주위의 강권에 못 이겨 출전은 했으나 나이도 많은데다 체중도 미달됐다. 110kg급에 출전해야 하는데 체중이 106kg으로 5kg이 모자랐다. 황 의원은 경기장에서 물을 마셔 체중을 가까스로 맞춘 뒤 출전해서 북한 선수를 물리치고 이란 선수에 이어 은메달을 목에 걸었다.

'명품 하이킥'으로 잘 알려진 크로아티아의 미르코 크로캅은 2006년 반더레이 실바, 조쉬 바넷을 연이어 물리치며 프라이드 헤비급 챔피언 벨트까지 땄다. 그러나 '60억분의 1의 사나이' 러시아의 에밀리아넨코 효도르에 패해 2인자로 전락했다. 이후 UFC 무대에 진출했지만 가브리엘 곤자가, 칙 콩고에게 잇따라 패했다. 그러나 경찰 신분으로 격투기에 뛰어 들어 '로보 캅'이라 불렸던 미르코 크로캅은 크로아티아에서 엄청난 인기를 얻어 국회의원으로 신분이 급상승하면서도 현역선수로 활약을 했었다.

프로복싱 사상 최고의 선수로 자리매김하고 있는 필리핀 복싱 영웅 매니 파퀴아오는 복싱에서 얻은 인기를 바탕으로 필리핀 하원의원에 당선되어 엄연한 국회의원 신분으로 링에 오르고 있다. 파퀴아오는 1998년 WBC 플라이급 챔피언에 오른 이후 계속해서 상위 체급 정복을 해오고 있다. 결국 WBC 슈퍼 웰터급 챔피언에 오른 파퀴아오는 통산 8체급을 정복하는 대기록을 세웠다.

캄보디아의 국가주석이었던 노로둠 시아누크는 주석으로 있으면서도 현역 농구선수로 활약했다.

당시 시아누크 내각과 35세 이상의 각료로 구성된 팀 간의 농구경기를 공식경기로 취급해서 캄보디아 신문 1면 톱기사로 보도하기도 했다. 그 경기는 1970년대 중반, 시아누크 내각이 35세 이상의 각료 팀에 158대 28로 이겼는데, 시아누크가 혼자서 73점을 넣었다. 시아누크가 공을 잡으면 35세 이상 각료들은 서로 피하기 바빴고, 시아누크는 아무런 제재도 받지 않고 유유히 골을 넣고는 했다. 문제는 그 경기를 공식경기로 인정, 캄보디아 제1의 신문 1면에 머리 기사로 실었다는 데 있다. 시아누크는 2004년 10월 14일 아들 노로둠 시아모니에 캄보디아 왕위를 계승시켰다.

첫 세계 챔피언들

무슨 일이든 처음은 어렵다.

뉴질랜드의 힐러리 경이 위대한 것은 인류 사상 처음으로 가장 높은 에베레스트 산을 올랐기 때문이다. 힐러리 경이후 두 번째부터는 누가 올랐는지 기록을 찾아봐야 안다.

그러면 스포츠 각 분야에서 가장 먼저 세계정상에 올라 스포츠역사에 길이 남아 있는 사람들은 누구일까?

우리나라 올림픽 역사에는 1936년 손기정이 베를린 올림픽 마라톤에서 금메달을 딴 것으로 기록되어 있다. 그러나 당시 손기정 선수는 일제강점기에 일본 대표선수로 출마한 것이다. 따라서 우리나라에서 가장 먼저 세계정상을 정복한 선수는 레슬링의 '장창선'이다. 장창선은 1964 도쿄 올림픽 레슬링 자유형 플라이급에서 은메달을 땄다. 결승전에서 일본의 요시다 선수에게 판정패를 당해 아깝게 한국인 첫 올림픽 금메달 획득에 실패했다. 그러나 장창선은 도쿄 올림픽에서 아깝게 세계정상 정복에 실패한 2년 후에 얼린

1966년 6월 18일 미국 토레도 세계레슬링 선수권대회 자유형 플라이급에 출전해서 금메달을 차지했다. 한국 선수가 모든 종목을 통틀어 세계대회에서 따낸 첫 번째 금메달이었다. 장창선은 귀국해서 박정희 대통령으로부터 105만 원을 하사받아서 70만 원으로 꿈에도 그리던 단독주택을 샀고, 나머지 35만 원은 인천시장에서 콩나물 장사로 자신을 뒷바라지했던 어머니에게 드렸다.

프로복싱 세계 첫 챔피언도 역시 1966년에 나왔다. 장창선이 한국인으로 처음 세계정상을 정복한지 불과 일주일 후의 일이다. 1966년 6월 25일 장충체육관에서 벌어진 WBA 주니어 미들급 타이틀 매치에서, 도전자 김기수가 챔피언 이탈리아의 니노 벤베뉘티를 판정으로 꺾고, WBA 주니어 미들급 세계타이틀을 차지했다. 당시 대전료 5만 달러를 박정희 대통령이 내 주었고, 현장에서 관전을 하다가 김기수가 세계정상에 오르자 챔피언 벨트를 직접 허리에 둘러 주기도 했다. 이후 김기수는 자신이 구두닦이를 하던 명동 한복판에 건물을 사서 다방을 내는 등, 부와 명예를 모두 거머쥔 최초의 스포츠인이 되었다.

올림픽 최초의 금메달은 레슬링의 양정모였다. 양정모는 1976 몬트리올 올림픽 페더급에서 금메달을 땄다.

한국은 1948 런던 올림픽에 처음으로 태극마크를 달고 올림픽에 출전해서 역도의 김성집과 복싱의 한수안이 각각 동메달을 땄고, 1952 헬싱키 올림픽에는 6·25의 참화를 극복하고 출전했지만, 역도의 김성집이 두 대회 연속 동메달, 복싱의 강준호가 역시 동메달을 따는 데 그쳤다.

1956 멜버른 올림픽에서는 복싱의 송순천 선수가 사상 첫 은메달을 땄고, 역도의 김창희가 동메달을 획득해 역도는 3대회 연속 메달을 따는 쾌거를 이뤘다.

1960 로마 올림픽에서는 노메달에 그쳤고, 1964 도쿄 올림픽 때는 장창선(레슬링), 정신조(복싱)가 각각 은메달, 재일교포 김의태(유도)가 동메달을 땄다. 그리고 1968 멕시코 올림픽에서는 복싱에서 지용주가 은메달, 장규철이 동메달, 1972 뮌헨 올림픽에서는 오승립이 유도에서 딴 은메달 1개로 만족해야 했다. 1976 몬트리올 올림픽 양정모의 금메달은 무려 7번의 올림픽 도전 끝에 따낸 '7전 8기'의 결과물이었다.

박태환은 기본 종목에서 최초로 세계정상에 오른 선수다. 기본 종목의 메달가치는 다른 종목보다 훨씬 높다. 기본 종목의 역사도 길고, 세계정상에 도전하는 선수도 많기 때문이다. 박태환은 2007 멜버른 세계수영선수권대회 자유형 400m에서 3분 44초 30의 기록으로 금메달을 차지했다. 한국 선수가 기본 종목에서 따낸 최초의 금메달이었다. 박태

환은 1년 후에 열린 2008 베이징 올림픽에서 자유형 400m
에서 3분 41초 86의 기록으로 금메달을 획득했다.

동계올림픽 최초의 금메달리스트는 1992 알베르빌 동계
올림픽 쇼트트랙 스피드스케이팅 1,000m에서 금메달을 딴
김기훈이다. 김기훈은 1분 30초 76의 당시 세계신기록으로
금메달을 따서 1948 생모리츠 동계올림픽에 태극기를 앞세
우고 올림픽에 출전한 이후 처음으로 금메달을 따냈다.

김연아의 2010 벤쿠버 동계올림픽 여자 피겨스케이팅 금
메달도 빼놓을 수가 없다. 피겨 스케이팅은 동계 종목 가운
데 한국의 취약 종목이었다. 김연아는 100년 역사의 한국
피겨스케이팅은 물론 동계 종목 역사를 통틀어 가장 위대
한 업적을 세웠다. 김연아가 금메달을 따면서 얻은 점수
220.28(쇼트프로그램 78.50, 프리스케이팅 150.06)은 남자선수에
버금가는 엄청난 점수였다. 은메달에 그친 라이벌 아사다
마오가 205.50으로 김연아보다 무려 14.78이나 뒤졌다.

이승훈의 2010 벤쿠버 동계올림픽 남자 스피드스케이팅
10,000m 금메달은 한국뿐만 아니라, 아시아 장거리 스피드
스케이팅의 금기(아시아 선수는 1,500m 이상은 세계정복이 어렵다)
를 깨트린 것이라 더욱 값지다.

그동안 아시아 또는 한국 선수가 500m, 1,000m 세계정상
정복은 수시로 있었지만, 1,500m 이상은 한 번도 정상에 오

르지 못했었다. 물론 기록이 더 좋았던 네덜란드 스벤 크라머 선수가 인코스를 두 번 연속 타는 바람에 실격을 당해 어부지리로 얻었지만, 올림픽 금메달은 실력과 운이 따라줘야 한다는 것을 감안하면, 이승훈의 동계올림픽 남자 스피드스케이팅 10,000m, 금메달은 한국 스포츠 역사상 몇 손가락 안에 드는 엄청난 사건이었다.

그밖에 유럽축구에 가장 먼저 진출해서 아시아선수 유럽축구 최다 골(98골)을 기록한 차범근과 한국인 최초의 메이저리그 선수로서 아시아선수 메이저리그 최다 승(124승)을 올린 박찬호도 나름대로 선구자 역할을 했다.

출산(出産)의 고통에 버금가

스포츠는 체중조절이 필요한 종목과 필요 없는 종목으로 크게 두 부류로 나뉜다.

체중조절을 해야 하는 유도·태권도·복싱·레슬링·격투기 등 체급 종목선수들의 소원은 마음껏 먹고 운동을 해보는 것이다. 그러나 복싱·유도·레슬링·태권도 등 격투기 종목만 체중조절이 필요한 게 아니다. 체급 종목 선수들만큼 절대적은 아니지만 축구·야구·농구·배구·핸드볼 등 모든 종목 선수들은 자신이 최고의 컨디션을 발휘할 수 있는 적당한 체중이 있다. 그래서 운동선수들은 항상 자신의 체중을 체크하는 버릇이 있다. 같은 체급종목 선수라도, 유도나 레슬링, 태권도는 하루에 모든 경기가 끝이 나지만, 복싱은 예선부터 결승전까지 짧으면 일주일, 길면 10일 정도이기 때문에 더욱 어렵다.

체급종목은 아니지만 체급종목 선수 이상으로 체중조절이 필요해서 마음껏 먹지 못하는 선수들도 있다. 피겨스케

이팅과 싱크로나이즈드 스위밍, 그리고 리듬체조와 체조선
수들은 좋은 성적을 올리려면 몸매 관리가 절대적이기 때
문에 평소 마음껏 먹지 못한다.

복싱에는 금과옥조(金科玉條)처럼 내려오는 말이 있다.

'복싱은 링 밖에서 승부가 난다는 것'이다. 그러니까 헤비
급을 제외하고 한계 체중제한이 있는 체급종목은 링(매트)
밖에서 거의 승부가 난다고 볼 수 있다.

복싱뿐만 아니라 모든 체급종목 선수는 한계 체중을 맞
추지 못하면 경기 출전 자체가 허용되지 않는다. 따라서 한
계 체중에 맞추기 위한 노력은 가히 목숨을 건 사투나 마찬
가지다. 체중을 자신이 출전하는 체급의 한계 체중이 맞게
빼되 컨디션을 떨어트리지 말아야 하니까 어려운 것이다.
체중을 줄일 때는 물 한 모금 마시는 것도 커다란 부담이
된다. 이상하게 100cc를 마시면 100g만 불어야 하는데,
200~300g씩 불어난다. 오죽하면 피를 뽑고 체중계에 올라서
는 선수도 있을까? 체중 조절 때문에 목숨을 잃은 선수도
있었다.

안타까운 일이지만 1996 애틀랜타 올림픽 남자유도 65 kg
급에 출전하려던 정세훈 선수는 심하게 체중조절을 하다가
사망했다. 키 1m 70cm인 정세훈은 평소 몸무게가 많이 나
가는 편이라 77kg을 유지했기 때문에 경기에 출전하기 위

해서는 무려 12kg을 빼야 했다. 누구나 처음 몇 kg은 잘 빠진다. 정세훈 선수도 68kg까지 빼는 데는 별문제가 없었다. 문제는 마지막 2~3kg이었다. 체중을 뺄 만큼 뺀 상태에서 다시 2~3kg을 또 빼야 하기 때문에 보통 노력을 하지 않고는 체중이 줄지 않는다. 몸속의 수분이 모두 빠져나가 더 이상 쏟아 낼 것이 없기 때문이다. 이때 갈증이 난다고 물을 조금 마시면 몸무게는 몇 배 불어난다. 갈증의 유혹을 참는 것은 초인적인 정신력이 아니면 안 된다. 정세훈은 사력을 다해 66kg까지 맞추는 데는 성공했지만, 마지막 1kg을 줄이기 위해 사우나실에 들어갔다가 심장마비로 사망했다.

설사 체중조절에 성공했다고 해도 경기에 출전할 때까지의 컨디션 조절이 매우 중요하다. 허기진 배를 채우기 위해 갑자기 음식을 많이 먹으면 탈이 난다. 그래서 선수들은 감량의 고통을 산고(産苦)의 고통에 비유하곤 한다. 이는 선수시절 감량을 해보고 아기도 낳아본 체급 종목의 여자 선수만이 잘 알 것이다.

경기를 치르고 나서도 문제다. 만약 도핑테스트를 받는 경우가 생기면 선수들은 약물검사에 필요한 소변을 받아내야 한다. 소변이 나올 리가 없다. 그래서 벌건 대낮에 맥주를 수백CC 들이키기도 하지만 소변이 나오려면 몇 십분 또는 몇 시간을 기다려야 하는 경우도 있다.

설렁설렁 스포츠

그렇다고 체급을 올리면 엄청난 부하(負荷)가 따른다. 평소 상대했었던 선수들보다 엄청난 파워를 가진 선수와 싸워야 하기 때문이다. 그래서 성급히 체급을 올리는 것은 위험부담이 많이 따른다.

유도 81kg급 국가대표 김재범 선수는 원래 73kg급에서 뛰었다. 그러나 73kg급에 라이벌도 많고, 평소 체중이 80kg 안팎을 오르내렸기 때문에 81kg급으로 올려 성공한 경우라고 할 수 있다. 김재범은 73kg급으로 뛸 때는 10kg 가까이 체중을 빼야 했으나, 이제는 2~3kg정도만 빼고 경기에 출전해서 체중조절에 전혀 무리가 없다. 운동선수에게 2~3kg 정도는 며칠 심하게 땀을 흘리면 쉽게 빠지는 체중이다.

체급종목 선수 가운데 평소 체중조절을 하지 않아도 되는 축복받은 선수도 있다. 과거 프로복싱 WBA 플라이급 챔피언이었던 돌주먹의 원조 김태식 선수는 평소 체중이 48~49kg을 유지하는데, 플라이급 한계 체중이 50.8kg이기 때문에 평소 마음껏 먹고 경기에 출전하곤 했었다.

10까지밖에 셀 수 없어

60~70년대 프로레슬링은 엄청난 인기를 누리고 있었다. 그 인기의 중심에는 역도산의 후계자 김일 선수가 있었다.

김일은 거의 모든 경기에 초반에는 밀리다가 박치기를 해서 반전을 기했다. 레슬링을 보러온 관중들이나 TV 시청자들은 그 같은 시나리오를 알고서도 열광했다.

1965년 3월, 장충체육관에서 김일이 세계 레슬링계의 악당 칼 칼슨과 메인이벤트 싱글매치를 벌이고 있었다.

역시 초반에 칼 칼슨이 김일의 이마를 물어뜯어서 피투성이가 되었고, 김일은 찬스를 잡아서 칼 칼슨에 박치기를 시도 했다. 그런데 너무 심하게 박치기를 해서 칼 칼슨이 링 밖으로 나가 떨어졌다. 프로레슬링은 선수가 링 밖으로 나가면 심판이 20을 셀 때까지 링 위로 올라와야 한다. 만약 올라오지 못하면 기권 패로 처리된다. 칼 칼슨이 링 밖으로 떨어지자 주심이 카운트를 세기 시작했다.

"원~투~쓰리~텐"

그런데 충격을 받은 칼 칼슨은 주심이 텐을 세는데도 링 위로 올라오지 못하고 있었다. 그러자 주심이 식은땀을 흘리기 시작했다. 주심은 10까지 밖에 셀 줄 몰랐던 것이다. 10까지는 체육관이 떠나가라 세던 주심은 그 다음부터는 기어들어가는 목소리로

"텐 원, 텐 투, 텐 쓰리……."

포메이션을 알아야 스포츠가 보인다

    거의 모든 구기 종목은 포메이션이 있다. 포메이션을 보면 그 팀의 성격을 알 수 있고, 당일 포메이션에 따라 그 팀이 어떤 작전으로 나오는지를 파악할 수 있다. 포메이션은 해당 팀 감독 전술의 밑바탕이 된다. 같은 포메이션이라도 감독이 어떻게 운영을 하느냐에 따라서 여러 가지 작전이 나온다.

    축구는 월드컵 초창기만 해도 수비 2-3-5(수비부터)에서 시작해 W-M 그리고 브라질이 들고 나온 4-2-4에 이어서 4-4-2 등으로 발전해 왔다.

    최근에는 스리백(3-5-2)과 포백(4-2-3, 또는 4-4-2)이 대세를 이루고 있다. 스리백은 3명의 전문 수비수를 두는 형태로 수비 지향적인 포메이션이다. 그러나 포백은 수비수가 스리백보다 한 명 더 많지만 양쪽 백은 수시로 오버래핑을 하기 때문에 전문 수비수는 2명뿐인 셈이어서 포백이 더 공격적인 포메이션이다. 포백도 바로 앞에 2명을 수비형 미드필더

(더블 볼란치)로 하느냐, 한 명은 공격형 미드필더, 다른 한 명은 수비형 미드필드로 두느냐에 따라 성격이 달라진다. 중앙수비가 약할 경우 더블 볼란테로 커버를 한다.

4-4-2는 브라질이 1958 스웨덴 월드컵, 1962 칠레 월드컵, 그리고 1970 멕시코 월드컵 등 3번의 월드컵을 제패해 줄리메 컵을 영구히 가져갈 때 썼던 4-2-4 포메이션에 수비를 더 보강한 포메이션이다. 1966 영국 월드컵 때 개최국 영국이 이 포메이션으로 월드컵 정상에 올랐다. 많이 쓰는 포메이션은 아니지만 뛰어난 공격수가 많을 때 4-3-3을 쓰는 팀도 있다. 세계적인 명문 팀 스페인의 FC 바르셀로나는 다비드 비야, 리오넬 메시, 페드로 로드리게즈 3명의 공격력을 극대화시키기 위해 공격수 3명을 앞세운 4-3-3을 주로 썼다.

농구의 지역방어는 수비수들의 체력소모가 적고, 혹시 내가 수비를 놓치더라도 팀 동료가 뒤에서 받쳐줄 가능성이 높다. 상대팀에서는 속공이나 골밑 돌파를 하기가 어렵다. 그러나 지역 방어는 3점 슛 등 장거리 포에 약하다. 특히 2-3지역 방어는 양쪽 사이드에서 장거리 슛을 허용할 가능성이 높다. 지역 방어는 2-3지역방어와 3-2지역방어 두 가지가 있다. 2-3지역방어는 컷인 해 들어오는 선수를 막는 데는 효과적이지만 외곽 쪽에서 빠른 패스로 교란하면 대열

설렁설렁 스포츠

이 쉽게 무너질 가능성이 있다. 3-2지역방어는 그와 반대로 외곽 쪽에, 수비는 그런대로 괜찮으나 백 도어 플레이나, 컷 인 플레이에 뚫리기 쉽다. 맨투맨은 체력소모가 많은 포메이션이다. 일대일에서 뚫릴 경우 곧바로 골밑슛을 허용할 가능성이 높다. 그렇다고 더블 팀에 들어가면 다른 쪽에 약점이 생긴다. 맨투맨 수비를 하면 상대팀에서 아이솔레이션 공격을 하는 경우가 있다. 상대팀에서 가장 개인기가 좋은 선수와 그 선수를 막는 수비수에게 일대일을 하도록 하고, 남은 공격수는 모두 외곽으로 나와 상대 수비수를 끌어낸다. 그러면 한 쪽의 텅 비어있는 곳에서 일대일 대결을 해서 골을 성공시키는 방법이다. 자기 팀에 뛰어난 개인기를 가진 선수가 있고, 상대팀에서 맨투맨 수비를 할 때 효과적으로 사용할 수 있는 공격법이다.

핸드볼도 맨투맨과 지역방어가 있다. 그러나 요즘은 맨투맨 수비를 잘 하지 않고, 주로 지역 방어를 한다. 지역 방어는 골키퍼를 제외한 6명의 필드플레이어를 일자수비 6-0, 한명을 앞에 전진 시키는 5-1, 또는 앞에 1명, 그 뒤에 2명 그리고 맨 뒤에 3명을 세우는 1-2-3 포메이션이 있다. 6-0의 수비는 일명 일자수비라고도 하는데 상대팀의 중거리 슛이 약하거나 우리 편 수비수들이 신장이 좋고 자기 팀의 골키퍼 실력이 좋은 경우 많이 사용한다. 일대일 찬스를 주지 않고 중거리 슛을 주는 후방 방어 전술이다. 5-1 수비는 센터 한 명이 프리드로우 레인 즉, 9m 지점에서 전진 수비를 하고 남은 5명이 뒤에서 일자로 서서 수비를 한다. 상대팀의 패스를 교란시키고, 상대팀의 개인기가 좋은 선수를 미리 차단하는 이점이 있다. 1-2-3포메이션은 센터가 가장 앞에 서서 수비를 하고 그 뒤를 좌우 백 2명 즉, 레프트와 라이트 백이 서고, 맨 뒤에 레프트, 라이트 윙과 피봇맨이 서는 포메이션이다. 경기 막판에 실점을 줄여야 할 때 사용한다.

프로야구의 실체 없는 클럽들

프로야구에는 많은 클럽이 있다. 타자들을 대상으로 한 홈런 몇 개, 도루 몇 개를 한꺼번에 하는 클럽 또는 투수의 경우 통산 몇 승에 세이브 몇 개를 달성한 선수만이 가입되는 클럽 등등.

국내 야구팬들은 클리블랜드 인디언스의 추신수 선수가 2009시즌과 2010시즌 2년 연속 20-20클럽을 달성했다는 기사를 많이 접했을 것이다.

추신수는 2009년 클리블랜드 인디언스팀에서 처음으로 풀타임 활약, 홈런 20, 도루 20을 달성, 호타준족의 자질을 보였다. 그리고 2010년에도 다시 한 번 20-20을 재현해 40만 달러가 약간 넘던 연봉이 10배나 되는 400만 달러에 육박하게 되었다.

메이저리그 20-20클럽은 그동안 스즈키 이치로, 조 지마, 마쓰이 히데키 등 일본의 내로라하는 타자들이 메이저리그에 도전했지만 한 번도 달성하지 못했던 대기록이다. 더구나 20-20을 달성하면서도 2년 연속 3할 타율까지 기록했었다. 추신수는 2013년 신시네티 레즈팀에서도 20- 20을 달성, 2014시즌부터 7년간 1억 3,000만 달러의 천문학적인 연봉을 받으며 텍사스 레인져스 팀에서 뛰고 있다.

지난 2009년 한국의 거인 격투기 선수 최홍만과 링 위에서 맞붙어서 더욱 유명해진 호세 칸세코는 메이저리그 역사상 가장 뛰어난 재능을 갖은 선수로 평가된다. 얼마 전 약물복용 사실이 밝혀져서 의미가 약간 퇴색되기는 했지만, 쿠바 출신의 호세 칸세코가 메이저리그에 남긴 업적은 정말 대단하다. 호세 칸세코는 1985년 오클랜드 어슬레틱스 팀에서 메이저리그에 데뷔, 1986년에 33홈런과 117타점으로 신인왕을 수상했으며, 1988년 42홈런, 40도루로 메이저리그 역사상 최초의 40-40클럽에 가입하며 아메리칸리그 MVP를 차지했다.

역시 약물 복용혐의를 받고 있는 베리 본즈는 1996년 메이저리그 역사상 두 번째로 40-40클럽에 가입했다. 베리 본즈는 통산 400홈런과 400도루를 돌파한 유일한 선수로 400-400클럽 개설자가 되었다. 40-40클럽은 1998년 시애틀 매리너스에서 활약하던 알렉스 로드리게즈(현 뉴욕 양키스)가 3번째로 가입, 알렉스 로드리게즈가 메이저리그 최초 1,000만 달러의 사나이가 되는 데 기폭제 역할을 했다.

설렁설렁 스포츠

이후 알폰소 소리아노는 2006년 4번째로 40-40클럽에 가입했는데, 이후 40-40클럽 가입자가 나오지 않고 있다. 40-40클럽에 가입된 메이저리그 4명 가운데 알폰소 소리아노를 제외한 3명의 선수가 약물 복용에서 벗어나지 못한다는 게 특이하다.

국내 프로야구에는 SK 와이번스에서 뛰었던 박재홍 선수가 30-30클럽을 개설했고, 이종범과 함께 두 사람만 가입되어 있다. 국내 프로야구는 메이저리그(연간 162게임)보다 게임 수가 적어 40-40클럽 가입은 사실 불가능하다.

박재홍은 지난 1996년 프로에 데뷔 하던 해에 30홈런, 36도루로 30-30클럽을 창시했고, 이종범이 97년에 30홈런, 64도루로 두 번째로 가입하자 이듬해인 98년에 아예 40-40클럽을 만들려고 했다가 실패(30홈런, 43도루)했다.

박재홍은 2000년에 자신의 3번째이자 마지막인 30-30클럽에(32홈런, 30도루) 가입한 후 체력이 떨어져 더 이상 기록을 세우지 못했다. 박재홍은 국내 프로야구선수로 유일하게 250-250클럽에 가입했다.

투수 가운데는 송진우가 세계 프로야구에서 드물게 200-100클럽에 가입되어 있다. 200승 100세이브 선수만이 가입 자격이 주어지는 200-100클럽에는 130년이 넘는 메이저리그 역사에는 한 명도 없고, 일본 프로야구에서 에나쓰 유타카가 투수가 지난 67년부터 85년까지 선수생활을 하면서 206 승 193세이브를 올렸었다.

송진우는 1989년 한화(빙그레)이글스 팀에 입단, 이후 21년 동안 210승, 103세이브를 기록했었다.

또한, 3-4-5 클럽은 매년 많은 선수가 가입하고 있는데, 매년 3할 타율에 4할 출루율 그리고 5할의 장타율을 보인 선수들을 말하는데, 주로 클린업 트리오에 들어가는 두산의 김동주, 롯데의 이대호 같은 장타자들이 가입했다.

메이저리그는 슈퍼스타의 상징이 '1억 달러 클럽 가입'이다. 선수 생활을 하는 동안 총액 1억 달러, 한화 약 1천억 원 이상의 연봉을 받는 선수를 말하는데, 박찬호는 메이저리그 17년 동안 약 8,500만 달러밖에 받지 못해 아쉽게도 1억 달러 클럽에 들지 못했다. 텍사스 레인져스 팀에 활약하고 있는 추신수는 '1억 달러 클럽'에 가입되었다.

먼저 피가 나면 진다고?

2010년 10월 12일 안양실내체육관, 소녀가장 복서로 잘 알려진 김주희 선수가 필리핀의 주제스 나가와 선수와 여자국제복싱협회(WIBA), 여자국제복싱연맹(WIBF), 세계복싱연합(GBU) 라이트 플라이급 타이틀 방어전, 및 세계복싱연맹(WBF) 라이트 플라이급 챔피언 결정전을 갖고 있었다.

김주희의 4체급 챔피언 타이틀이 걸린 큰 경기인 셈이다. 그런데 도전자 주제스 나가와 선수가 1라운드부터 김주희 선수의 약점(눈자위가 유난히 약해 잘 찢어지고 붓는다)을 집중적으로 가격했고, 여자 프로복싱계의 내로라하는 고집쟁이인 김주희는 어디 한번 때려 보라는 듯 주제스 나가와 선수에게 눈을 대 주는 바람에 5라운드가 끝날 무렵 김주희의 코에서는 쌍코피가 펑펑 쏟아져 내렸고, 왼쪽 눈은 마치 계란 한 개를 집어넣은 것처럼 퉁퉁 부어올랐다. 주심이 링 주위에 있던 링 닥터에게 김주희를 데려갔다. 링 닥터가 "김 선수 더 계속 할 수 있겠어?"라고 묻자, 김주희 선수는 "그걸

말씀이라고 하세요."라고 대답했다. 링 닥터는 김주희의 신경질적인 말과 함께 입속에서 튀어나온 핏물 때문에 안경이 피로 홍건하게 물들었다.

프로복싱 등 격투기 종목은 피가 웬만큼 나도 경기속행이 가능하다. 상처가 나중에 회복불능 상태가 되거나, 생명에 지장을 주지 않는다고 링 닥터가 판단하면 경기를 속행하도록 한다.

프로레슬링의 경우 경기에 들어가기 전에 상대 선수와 짜고 자신의 이마 부위를 면도날로 살짝 그어 놓은 다음, 상대 선수에게 면도날로 그어 놓은 이마를 가격 하도록 해서 피를 철철 흘리며, 경기를 해 관중(또는 시청자)들에게 진짜 승부를 하는 것처럼 보이기도 한다.

어린아이들은 상대가 코피를 터트리면 이기는 것으로 안다. 그러나 복싱이나 격투기는 피를 흘리면 '레프리 스톱', 즉 심판이 경기속행을 중지시키고, 상대 선수의 승리를 선언하는 것을 방지하기 위해 상대 선수를 서둘러 공격하게 될 뿐 경기 승패에는 그다지 영향을 끼치지는 않는다. 그러나 축구·농구·배구 등 구기 종목과 육상·수영·테니스·배드민턴 등 대부분의 종목들은 선수가 피를 흘리면 일단 경기를 중단시키고 지혈을 하거나 치료를 받도록 한다. 선수가 피를 흘리는 상태에서는 경기에 참가할 수가 없다. 지혈한 후 경기에 임해야 한다.

필자가 스포츠에 관심을 갖기 시작한 것은 피 때문이었다. 1960~70년대에는 웬만한 마라톤은 시내를 관통하는 대회로 치러졌다. 광화문－오류동 왕복, 광화문－의정부 왕복 등이 마라톤코스였다.

어느 날 여자 마라톤 대회를 볼 기회가 있었다. 그런데 어떤 여자 선수가 허벅지 아래로 피를 철철 흘리면서 뛰고 있는 것이 아닌가. 당시만 해도 마라톤이 피를 내면서 뛰어야 할 정도로 힘든 운동이구나. 또는 스포츠가 피를 많이 흘려서 죽을지도 모르는데도 해야 되는 매우 중요한 거로구나. 생각하며 스포츠에 관심을 갖기 시작했다. 나중에 어른이 되어서 생각을 해 봤더니, 그 여자 선수는 생리 중임에도 불구하고 마라톤 레이스를 했기 때문에 달리는 도중 피 아닌 피를 흘린 것이었다.

이제 지구촌의 모든 스포츠는 피로부터 자유로울 수 없게 되었다. 약물 복용 여부를 알아보기 위해 경기 전후 도핑테스트를 하기 때문이다. 도핑 테스트는 크게 소변검사와 혈액검사로 이뤄지는데, 소변검사보다는 혈액검사가 더 확실하기 때문에 선수들의 피를 뽑는 경우가 많아진 것이다. 규정에는 도핑테스트를 위해 채혈을 할 경우 정맥을 통해 최소한 10cc 안팎의 피를 뺀다고 돼 있으나, 20~30cc를 뽑을 수도 있을 것이고, 1차 표본이 미심쩍을 경우 다시 2차 채혈도 가능하기에 도핑테스트 대상으로 낙점되는 선수에게 부담이 되고 있다. 채혈 양이 지나치게 많을 경우 경기력을 저하시킬 수 있기 때문이다.

핑계 없는 무덤 없다

스포츠 세계에서 패자는 말이 없는 법이다. 하지만 가끔 패자의 엉뚱한 패인이 화제가 되기도 한다.

잠비아의 테니스 스타플레이어 느데파일 선수는 2006년 잠비아의 한 지역 토너먼트에서 무숨바 뷰일라 선수에게 패하자 인신공격을 퍼부었다. 느데파일은 "뷰일라는 멍청하고 아무런 희망이 없는 선수다. 큰 코와 사시 눈을 가져 어떤 여자도 그를 좋아하지 않는다."고 말했다. 느데파일 선수는 상대 선수의 큰 코와 사시 눈이 테니스와 무슨 관계가 있기에 그 같은 말을 했는지 참 한심하다. 그런데 한술 더 떠서 자신을 위한 변명도 했다. "나는 남자의 중심부를 보호하기 위해 찬 국부보호대가 너무 꽉 조여서 무숨바가 서브할 때 집중할 수 없었다."고 핑계를 댔다.

미국의 사이클 선수 타일러 해밀턴은 2004 아테네 올림픽 남자 개인도로 속도경기에서 57분 31초 74의 기록으로 러시아의 비아체슬라프 에키모프(57분 50초 58)와 미국의 보비 줄리치(57분 58초 19)를 제치고 금메달을 차지했다. 그런데 타일러 해밀턴이 2005년 한 사이클 대회에서 입상을 해서 도핑테스트를 받았는데, 양성 반응이 나타나자 이상한 핑계거리를 늘어놓았다. 타일러 해밀턴은 "내 몸에 보통 사람과는 다른 종류의 피가 흐르고 있는 건 어머니의 자궁에서 죽은 내 쌍둥이 동생 때문"이라고 이상한 말을 하자 국제도핑검사관은 아예 무시해 버리고 자격정지 2년을 선고했다.

우크라이나 크리켓 대표 선수단은 2006 크리켓 월드컵에서 스페인에 0대 4로 완패를 당했다. 그러자 우크라이나 크리켓 대표선수단이 입을 모아서, "어제 독일 포츠담의 팀 숙소 근처에 있는 들판에서 울어대는 개구리 울음소리 탓에 잠을 한숨도 자지 못한 게 패인"이라고 둘러댔다. 또한 우크라이나의 바쉬추크 선수는 "개구리 소리가 소음에 가까워 우리 모두 스틱을 들고 개구리를 잡으러 나가야 했다."고 불만을 터트렸다.

미국 남자 피겨 스케이팅 대표선수 조니 위어는 2006년 자신이 한 이벤트에 지각한 이유에 대해 엉뚱한 핑계를 댔다. 조니 위어 선수는 "심적으로 안정되지 못해 나의 아우라를 느낄 수 없었다. 아우라를 찾을 때까지 시간이 필요했다."고 엉뚱한 변명을 던졌다. 그러나 조니 위어의 지각 이

설렁설렁 스포츠

유는 숙소에서 늦게 일어나서 버스를 놓친 것 때문으로 드러났다.

세계 흑인 테니스의 역사를 바꾼 선수는 미국의 흑인 자매 선수 세레나 윌리엄스와 비너스 윌리엄스다. 특히 동생 세레나 윌리엄스의 기량이 더 뛰어나다.

2006년 호주오픈에서 세레나 윌리엄스가 스위스의 힝기스에게 맥없이 패한 이유를 식중독 탓으로 돌렸으나, 이듬해 세레나 윌리엄스는 힝기스를 2대 0으로 완파해 자신이 힝기스에게 패했던 것이 '식중독' 때문이었음을 입증했다.

스포츠에서 자신(또는 팀)이 패한 이유를 심판에게 찾는 경우가 가장 많다. 실제로 오심이라든지 편파 판정 때문에 승패가 갈라지는 경우가 많다. 다만 2011 카타르 아시안컵 한국과 일본의 준결승전에서 연장전까지 120분간 경기를 한 후 승부차기에서 한국을 3대 0으로 이긴 일본의 자크로니 감독이 명감독다운 말을 했다.

"한국이 전반전에 얻은 페널티 킥과, 우리가 연장전에서 얻은 페널티 킥은 무리가 있는 판정이었다."고 말했다. 비록 일본이 승부차기에서 이기기는 했지만 주심(사우디아라비아 칼릴 알 감디)의 판정이 전반적으로 무리가 있었다는 간접적인 표현이었다.

형제는 용감했다

'피는 못 속인다'는 말은 스포츠에서는 너무나 당연한 말이다. 각 종목에 뛰어난 형제 선수들이 너무나 많기 때문이다. 특히 축구에 형제 선수가 많다.

2010 남아공 월드컵 대회가 한창 무르익어가던 6월 24일, 독일 대 가나의 D조 예선 경기는 독일의 수비수 제롬 보아텡과 가나의 미드필더 케빈 프린스 보아텡의 맞대결로도 관심을 모았다. 가나 출신의 독일 이민자인 아버지를 두고 있는 두 사람은 서로 다른 독일인 어머니를 두고 있는 이복형제다. 이들의 작은아버지는 전직 가나 축구 대표선수이고, 케빈 프린스의 외할아버지는 1954 스위스 월드컵에서 서독에 첫 우승컵을 안겼던 전설의 스트라이커 헬무트 란이다. 그런데 두 형제 선수가 어떻게 각각 다른 나라 대표선수로 뛰어야 했을까? 두 살 위인 케빈 프린스는 유럽국제축구연맹(UEFA) 21세 이하 독일 대표 팀에 선발되었다가 감독과 선수들 간에 심한 갈등을 겪은 뒤 아버지 나라의 대표

설렁설렁 스포츠

팀에 투신했다. 경기 결과 독일이 가나를 2대 1로 제압했지만, 경기 결과에 상관없이 두 팀은 D조 1, 2위로 나란히 16강에 올랐다.

2002 한일 월드컵에 쌍둥이 형제로 함께 출전한 폴란드 축구선수 미하우 제부아쿠브와 마르친 제부아쿠브 형제는 아쉽게도 16강에 오르지 못해 화제가 되지는 않았다.

스위스의 유명한 데겐 형제, 형 필립 데겐과 동생 다비드 데겐 형제는 도르트문트, 보루시아 등 주로 분데스리가와 스위스 국가대표로 활약했다.

세계정상급 야구선수들이 활약하고 있는 미국 프로야구 메이저리그에도 형제 선수들이 즐비한데, 특히 푸에르토리코 출신의 벤지 몰리나는 삼형제가 메이저리그에서 활약을 하고 있어서 관심을 모으고 있다. 몰리나 삼형제는 약속이나 한 듯 모두 포수로 활약을 하고 있는 것도 흥미롭다. 맏형 벤지 몰리나는 2002년 아메리칸리그 포수 부문 골든글러브상을 받을 정도로 메이저리그에서 정상급 포수로 활약하고 있다. 텍사스 레인저스의 주전 포수였던 벤지 몰리나는 포수이기 때문에 발이 느리기로 유명한데, 2010년 7월 17일 보스턴 레드삭스와의 경기에서는 사이클링 히트를 기록하기도 했다. 동생 호세 몰리나는 뉴욕 양키스 팀을 거쳐, 토론토 블르제이스 팀에서 형처럼 포수로 활약했었다. '형만 한 아우 없듯이' 호세 몰리나는 형 벤지 몰리나보다 한 수 아래라는 평가를 받고 있다. 세인트루이스 카디널스 주전 포수인 막내 동생 야디어 몰리나는 '형만한 아우 여기 있다'는 것을 증명이라도 하듯, 내셔널리그 포수 부문 골든 글러브상을 2008년, 2009년, 2010년 3년 연속 수상했다. 야디어 몰리나는 소위 말하는 '앉아 쐈'에 일가견이 있다. 홈에서 2루에 공을 투수로부터 받자마자 앉아서 던지기 때문에 1루 주자를 잡을 확률이 그만큼 높다. 삼 형제 가운데 맏형과 막내는 메이저리그 정상급 포수, 둘째 호세 몰리나는 형과 동생에게 치어서 그런지 실력이 약간 처진다.

메이저리그에는 그밖에 올란도 에르난데스, 리반 에르난데스, 라몬 마르티네즈, 페드로 마르티네즈, 호세 발렌틴, 하비에르 발렌틴 등 수많은 형제 선수가 있다.

메이저리그처럼 세계 남자농구 최정상인 미국 남자프로농구 NBA 무대에도 형제 선수들이 즐비하다.

그 가운데 스페인의 가솔 형제가 가장 실력이 뛰어나다. 형 파우 가솔(2m 15cm), 동생 마크 가솔(2m 16cm) 형제는 힘을 합해 2006년 세계남자농구선수권 스페인 우승, 2008베이징 올림픽 스페인 은메달의 주역이었다. 형 파우 가솔은 2001년 멤피스 그리즐리 팀에 입단해서 현재는 NBA 최고 명문 팀인 LA 레이커스 팀의 센터 겸 파워포드로 활약하고 있고, 동생 마크 가솔은 형의 NBA 첫 데뷔 팀인 멤피스 그리즐리 팀에서 센터로 뛰고 있다.

국내에도 각 종목에 형제 선수가 많다. 그 가운데 남자 프로농구의 조상현(창원 LG), 조동현(부산 KT) 쌍둥이 형제가 가장 유명했었다. 역시 형만한 아우 없다고, 형 조상현이 먼저 국가대표에 뽑히는 등 잘 나갔지만, 은퇴 무렵에는 동생 조동현이 더 좋은 플레이를 했었다. 우승 맛도 형이 먼저 봤고, 동생 조동현은 2011시즌 부산 KT 정규리그 우승으로 뒤늦게 우승 경험을 했다.

가장 힘이 센 형제는 뭐니뭐니해도 프로복싱 세계 헤비급 무대를 양분하고 있는 우크라이나의 클리츠코 형제다. 형 비탈리 클리츠코는 WBC 헤비급 챔피언으로 키 2m의 장신에서 나오는 강력한 잽과 양 훅으로 40살(1971년생)이 넘는 나이에도 도전자가 없을 정도다. 형보다 5살 어린 블라디미르 클리츠코는 WBO, IBF, IBO 헤비급 통합 챔피언이다. 키는 형보다 약 5cm 작은 1m 95cm이지만, 파워는 형보다 더 낫다는 평가를 받고 있다. 클리츠코 형제 선수의 승률은 9할, KO율은 8할을 넘고 있고, 헤비급 복싱 무대를 미국에서 유럽으로 옮겨온 장본인들이다. 당분간 세계 프로복싱 헤비급은 클리츠코 형제가 접수를 할 것 같다.

부엌칼도 잘 못쓰면 흉기

프로야구 경기를 보면 가끔 경기를 하던 양쪽 선수들이 우르르 몰려나가서 서로 대치를 하거나 심지어 싸움을 하는 경우가 있다. 이를 벤치 클리어링(bench clearing)라고 한다. 벤치 클리어링은 주로 투수가 타자에게 빈볼 또는 데드볼을 던진 후에 일어난다.

이때 금기(禁忌)가 하나 있다. 야구 배트를 들고 나가지 않는 것이다. 야구선수에게 야구 배트는 칼보다 더 무서운 흉기이기 때문이다. 이같이 스포츠맨에게는 금기가 있다.

태권도나 복싱 또는 유도 같은 격투기 선수가 일반인에게 폭력을 쓴다거나, 축구선수가 발이나 머리로 상대를 가격하는 것도 절대로 해서는 안 되는 행동이다. 하물며 축구장에서 공이 아닌 상대에게 헤딩을 한다는 것은 곧바로 퇴장을 당하는 비신사적인 행동이다. 그러나 축구 경기 도중 상대에게 헤딩을 하는 볼썽사나운 행동을 한 유명 선수가 3명이나 있다.

슬렁슬렁 스포츠

이탈리아 국가대표 축구선수 젠나로 가투소는 2011년 2월 16일 이탈리아 산 시로 스타디움에서 열린 AC 밀란 대 잉글랜드 토트넘과의 유럽축구 챔피언스리그 16강전 홈경기에서 상대 선수가 아닌 코치의 가슴을 머리로 박는 엉뚱한 행동을 해서 구설수에 올랐다. 밀란 팀의 주장인 가투소는 경기 도중 후반 31분 주심에게 경고를 받아 다음 경기 '경고 누적'으로 출전이 좌절되자 소리를 지르며 흥분하기 시작했다. 이에 토트넘의 조 조던 코치가 뭐라고 말을 하자 이성을 잃은 가투소는 조던 코치의 목을 조르는 등 위협적인 행동을 보였다. 가투소는 경기가 끝난 후 웃통을 벗어 던지더니 조던 코치에게 다가가 머리에 박치기를 가하며 난동을 부렸다. 이를 본 토트넘 해리 레드냅 감독은 가투소를 "미쳤다."라고 말하기까지 했다.

　얼마 후 이성을 찾은 가투소는 "나는 자제력을 잃었다."며 "내가 한 짓에 용서는 없을 것이다. 나는 내가 한 일에 책임을 지겠다."며 반성하는 모습을 보였다.

　그 경기에서 AC 밀란은 토트넘의 크라우치에게 결승골을 허용하며 0대 1로 패했다. 주장이 이성을 잃었으니 경기가 제대로 될 리 없었다. 나중에 밝혀진 얘기로는 토트넘의 조던 코치가 가투소에게 '이탈리아 사생아'라고 한 말에 이성을 잃었다고 한다. 유럽축구 연맹은 상벌위원회를 열어 가투소에게 '4경기 출장정지 처분'을 내렸고, AC 밀란은 이의 제기를 하지 않아서 가투소는 이후 4경기에 나오지 못했다.

2007년 8월 16일 브래튼 파크에서 열린 잉글랜드 프리미어리그 맨체스터 유나이티드와 포츠머스 경기에서는 크리스티아누 호날두가 박치기로 레드카드를 받고 퇴장을 당했다. 그날 맨유와 포스머스 경기는 초반부터 몸싸움이 심했다. 맨체스터의 비디치가 포츠머스의 공격수를 밀치는 행동도 있었고, 호날두는 여러 차례 신경질적인 반응을 보였다. 그러다가 후반 40분경 맨체스터의 호날두가 포츠머스의 리차드 휴즈에게 박치기를 한 것이다. 리차드 휴즈가 자신에게 여러 차례 반칙을 한 것에 대한 보복행위였다. 호날두는 그 박치기로 레드카드를 받고 퇴장을 당한 것은 물론이고, 이후 3경기 출장정지까지 당했다.

월드컵에서도 박치기 사건이 있었다. 그것도 월드컵 결승전 같은 중요한 경기에서 일어난 일이다. 프랑스와 이탈리아는 지난 2006 독일 월드컵 결승전에서 맞붙었다. 프랑스 축구 영웅 지네딘 지단은 독일 월드컵을 끝으로 은퇴를 선언했었기 때문에 그 경기는 지단의 현역 선수 마지막 경기이기도 했다. 그런데 프랑스 전력의 핵심인 지네딘 지단은 경기 도중 이탈리아 수비수 마르코 마테라치의 가슴을 머리로 들이받아 퇴장을 당했고, 지단을 잃은 프랑스는 승부차기 끝에 이탈리아에게 패해 월드컵 2번째 우승에 실패했다. 지단이 분노를 참지 못하고 마테라치의 가슴에 헤딩을 한 이유는, 마테라치가 연장 후반 5분 지단의 유니폼 상의를 끌어당기자 지단이 "유니폼을 갖고 싶으면 나중에 주겠다."라고 말했다. 이에 마테라치는 "유니폼보다는 네 누이가 좋겠다."라고 말했고 여기에 격분한 지단이 박치기를 했다는 것이다.

국제축구연맹 FIFA는 2006년 7월 20일 스위스 취리히 본부에서 징계위원회를 열고, 2006 독일 월드컵 결승전에서 프랑스의 지단이 이탈리아의 수비수 마테라치와 설전을 벌이던 도중 그의 가슴을 머리로 들이받아 퇴장한 사건에 대한 조사결과와 함께 지단에게는 3경기 출장정지와 7천 5백 스위스 프랑(약 5백 80만 원)의 벌금을, 마테라치에게는 2경기 출장 정지와 벌금 5천 스위스 프랑(약 3백 86만 원)을 부과했다. 그러나 지단의 2006 독일 월드컵 골든볼 수상은 취소되지 않았다.

점수 내는 법

스포츠 가운데 가장 특이한 방법으로 점수를 내는 종목이 미식축구와 럭비다. 두 종목은 사람이 공을 잡고 터치다운 지역을 터치하면 점수를 얻을 수 있는데, 터치다운을 하면 미식축구는 6점, 럭비는 5점을 준다. 그리고 두 종목 똑같이 터치다운 점수를 얻은 팀이 보너스 킥을 하는데, 보너스 킥이 성공하면 미식축구는 1점, 럭비는 2점이 더 주어진다. 결국 미식축구와 럭비는 한 번의 공격으로 7점이 가능한 셈이다. 그리고 미식축구와 럭비는 상대 팀이 반칙을 범한 곳에서 킥(드롭킥 또는 플레이스 킥)으로 점수를 낼 수 있는데, 이 때 킥이 성공하면 똑같이 3점을 얻을 수 있다.

테니스가 점수를 내는 방법은 탁구와 마찬가지로 한 번의 공격성공(또는 수비실패)으로 1점을 얻을 수 있는데, 점수를 부르는 방식이 다르다.

탁구는 0점을 제로라고 하지만 테니스는 러브라고 한다. 그리고 탁구는 1대 0, 2대 0 또는 3대 2 등으로 부르는데, 테니스는 1점을 피브 틴(15), 2점을 서티(30), 3점을 휘티(40)라고 부른다. 4점을 따면 한 게임을 빼앗기 때문에 4점을 부르는 용어는 없다.

태권도나 레슬링은 고난도 기술에 더 많은 점수를 준다.

태권도는 상대선수 얼굴을 가격하면 3점을 주고, 레슬링은 가장 큰 기술이 5점짜리까지 있다.

　점수 내는 법 가운데 가장 재미있는 것이 농구의 로컬룰을 극대화시킨 북한 농구다. 북한 농구는 경기종료 2초 전에 슛을 성공시키면 비록 쉬운 골밑슛이라도 8점을 준다.

바둑판에만 흑과 백이 있나

언제부터인가 흑인과 백인은 서로 터부시하는 종목이 생겼다. 하계 종목 가운데서도 수영에는 흑인 스타플레이어가 거의 없고, 동계 종목은 거의 모든 종목에서 흑인 선수가 나오지 않고 있다. 그러나 수영의 엔터니 네스티와 우사마 멜루리, 스피드 스케이팅의 샤니 데이비스 그리고 테니스의 아더 에시는 이 같은 속설을 깨트린 대표적인 선수들이다.

1988 서울 올림픽 남자수영 접영 100m 결승전이 열리던 잠실실내수영장에는 전 세계의 모든 시선이 '당당히 7관왕'을 노리고 있던 미국의 매트 비욘디와 서독의 잠수함 미하엘 그로스의 맞대결에 집중되었다.

예선 성적도 영국의 엔디 제임슨이 53초 34로 1위, 미국의 매트 비욘디가 53초 46으로 2위 그리고 수리남의 엔서니 네스티가 53초 50으로 3위, 서독의 미하엘 그로스가 53초 78로 4위를 기록했다.

대개 예선에서는 거의 모든 선수가 페이스를 늦추는 경향이 있어서 각각 2위와 4위로 처진 매드 비욘디와 미하엘 그로스는 결승전에 쓰려고 힘을 비축한 것으로 봤고, 무명이었던 엔서니 네스티는 전력을 다해서 2위를 한 것으로 분석되어 별로 경계의 대상이 아니었다. 그러나 결승전에서 놀라운 일이 벌어졌다. 엔서니 네스티가 종전 세계신기록 53초 08을 0.08초 단축한 53초 F로 금메달을 딴 것이다.

미국의 매트 비욘디가 엔서니 네스티에게 겨우 100분의 1초, 그야말로 손톱 정도 차이로 은메달(53초 01)을 땄고, 서독의 미하엘 그로스는 53초 44로 아예 메달권 밖(5위)으로 처지고 말았다. 그런데 그 100분의 1초가 세상을 발칵 뒤집어 놓았다. 흑인 선수가 올림픽 수영에서 사상 첫 금메달을 따내자 AP통신, 신화사 통신, 로이터 통신 등 세계의 언론은 '88서울 올림픽 최대 이변'이라는 내용으로 전 세계에 네스티의 금메달 소식을 전했다. 엔서니 네스티의 금메달로 정규 풀장 하나 없던 남미의 조그만 나라 수리남에 수영 열풍이 몰아닥쳤고, 엔서니 네스티는 수리남 건국 이후 최대 영웅이 되었다. 수리남 최고, 최대 수영장 이름은 당연히 '네스티 수영장'으로 명명되었다.

역시 흑인 선수인 튀니지의 우사마 멜루리 선수는 박태환 선수가 처음 세계정상에 오른 2007 멜버른 세계수영선수권대회 자유형 400m에서 2위를 차지해 한국인에게 깊은 인상을 심어준 선수다. 당시 박태환은 3분 44초 30으로 1위, 우사마 멜루리는 박태환보다 0.82초 뒤진 3분 45초 12로 2위를 차지했다. 그 후 우사마 멜루리는 2008 베이징 올림픽 남자 자유형 1,500m에서 14분 40초 84의 기록으로 금메달을 차지해 엔서니 네스티에 이어 흑인선수로 2번째 올림픽 금메달을 획득했다. 튀니지에서 우사마 멜루리가 스포츠 영웅이 된 것은 말할 것도 없다.

미국의 샤니 데이비스는 쇼트트랙 스피드스케이팅에서 스피드스케이팅으로 전향해서 성공을 거둔 흑인선수다. 샤니 데이비스는 스피드스케이팅 1,000m와 1,500m가 주 종목이다. 샤니 데이비스는 순발력이 떨어지기 때문에 1,000m 레이스를 할 때 항상 스타트부터 500~600m 지점까지는 상대 선수에게 뒤진다. 그러나 600~700m 이후 폭발적인 스피드로 역전승을 거두곤 한다. 2010 벤쿠버 동계올림픽 남자 스피드 스케이팅 1,000m에서 모태범 선수가 200m를 16초 39에 끊은 반면, 샤니 데이비스는 모태범보다 0.34초 뒤진 16초 73에 지나갔다. 600m도 모태범(41초 76)이 샤니 데이비스보다 약간 빨랐지만 이후 샤니 데이비스가 점점 빨라져서 1분 09초 12에 그친 모태범을 제치고 1분 08초 94의 기록으로 금메달을 차지했다. 샤니 데이비스는 2006 토리노 동계올림픽 남자 스피드스케이팅 1,000m에서 흑인 선수 최초로 동계올림픽 금메달을 차지했다.

미국의 윌리엄스 자매가 세계 여자 테니스계를 석권하고 있지만 사실 수영, 스케이팅과 같이 테니스도 흑인선수에게는 금단의 벽이었다.

아더 에쉬는 1968년 남녀를 통틀어 흑인 선수로는 처음으로 테니스 4대 대회 가운데 하나인 US오픈 남자 단식을 석권했다. 이후 아더 에쉬는 2년 후인 1970년 호주오픈, 1975년 영국오픈(윔블던)을 제패해 프랑스 오픈을 제외하고 3대 메이저대회를 석권했다. 그러나 불행하게도 1988년 심장수술을 받기위해 수혈을 하다가 에이즈에 감염되었다. 그는 불치병을 앓으면서도 흑인인권 운동에 헌신하다가 1993년 50세를 일기로 사망했는데, 전미 테니스협회는 2005년 새로 건립한 US오픈 센터코트를 '아더 에쉬 스타디움'으로 명명하여 그의 업적을 기리고 있다.

슬라이딩 센터(Sliding Centre)

슬라이딩센터는 동계올림픽 봅슬레이, 루지, 스켈레톤 등 썰매 종목이 열리는 경기장이다.

그런데 슬라이딩센터가 시설비도 많이 들고 사후 관리도 어려워 동계올림픽을 개최하는 나라에는 골칫거리가 되고 있다.

2015년 1월, 토마스 바흐 국제올림픽위원회(IOC) 위원장이 2018 평창동계올림픽과 2020 도쿄하계올림픽의 일부 종목 교류 개최 가능성을 언급했었다.

바흐 위원장은 평창 동계올림픽이 일본 나고야에 있는 슬라이딩센터에서 썰매 종목을 실시하고, 2020년 도쿄올림픽 때는 강원도(평창)에서 일부종목을 개최하는 안을 제시하려 한 것으로 보인다.

그러나 한국정부와 2018 평창동계올림픽 조직위원회는 바흐 위원장의 제의를 거절했다.

그동안 동계올림픽을 개최하는 국가들은 거의 모두 슬라이딩센터 때문에 고민을 해왔었다.

슬라이딩센터는 썰매를 타고 1500m 안팎의 얼음 코스를 시속 100km 이상의 속력으로 내려와야 하기 때문에 전문 선수가 아니면 이용하는 것이 거의 불가능하다.

따라서 올림픽을 치른 후의 사후 관리가 매우 어렵다.

1960년 미국의 스쿼벨리 올림픽은 아예 슬라이딩센터를 만들지 않아서 썰매 종목을 실시하지 않았고, 2006 토리노 동계올림픽은 올림픽을 치른 이후 슬라이딩센터를 폐기처분 했다. 또한 1998년 나가노 올림픽 슬라이딩센터도 '돈 먹는 하마'로 전락했다.

2018 평창 동계올림픽 슬라이딩센터는 1228억 원을 들여 관중석 1만1천석, 트랙길이 2천18m를 비롯해 스타트하우스와 피니시하우스, 실내 아이스스타트 훈련장 등 7개의 건물과 진입도로, 교량 등을 건설한다.

올림픽 이후에는 전망대, 레스토랑 등을 상시 운영하며 4계절 프로그램을 완비해 국민이 여가를 즐기는 테마형 시설로 활용된다고는 하지만 연간 운영비 100억 원 이상을 뽑을 수 있을 것인지는 불투명하다.

승부조작

스포츠계에서 승부조작은 상업주의·약물복용·심판매수 등 그 어떤 것보다도 악질적인 것이다.

정직과 정당한 승부, 그리고 깨끗한 패배를 생명으로 하는 스포츠계에 승부조작은 스포츠의 근간을 흔드는 죄악이다. 그러나 승부조작은 과거에도 있었고, 현재도 어디선가 일어나고 있고, 앞으로도 있을 스포츠계가 풀어야 할 영원한 숙제다. 승부조작을 한 선수나 관련자들은 반드시 잡히게 마련이고, 그로 인해 그동안 쌓았던 명성도 하루아침에 모두 날아가 버린다.

승부조작은 메이저리그 블랙삭스 스캔들이 원조다. 블랙삭스 스캔들은 1919년 '맨발의 조'를 포함한 시카고 화이트삭스팀의 주전 선수 8명이 도박사 등과 짜고 승부를 조작한 사건을 말한다.

이후 시카고 화이트삭스 팀은 우승과 인연을 맺지 못하다가 86년만의 저주를 풀고 1917년 우승, 이후 88년만인

설렁설렁 스포츠

2005년에야 통산 3번째 월드시리즈 우승을 차지했다. 시카고 화이트삭스 팀은 1906년, 1917년 두 차례 우승을 한 바 있다. 시카고 화이트삭스 팀이 대표적인 승부조작의 희생자라면, 피트 로즈는 승부조작으로 피해를 본 대표적인 선수다.

피트 로즈는 메이저리그 통산 4256개의 안타를 기록, 불멸의 기록을 갖고 있다. 일본 프로야구 최다 안타가 재일교포 장훈의 3,085개, 한국 프로야구의 최다 안타는 양준혁의 2,318개에 그치고 있는 것을 보면 피트 로즈의 4,256개의 안타가 얼마나 대단한 기록인지 짐작할 수 있다. 그러나 피트 로즈는 자신이 감독으로 있던 신시네티 레즈 경기에 돈을 걸고 도박을 한 혐의를 받아 메이저리그 출신이라면 누구나 들어가고 싶어 하는 '명예의 전당'에 헌액되지 못했다. 아마 피트 로즈는 영원히 명예의 전당에 들어가지 못할 것이다, 자신의 경기에 도박을 건, 불명예스러운 짓을 했기 때문이다.

프로축구계의 승부조작은 2006년 이탈리아 세리에 A에서 터졌다. 당시 승부조작에 연류된 1부리그의 유벤투스, 라치오, 피오렌티나 등 유명 클럽들이 2부 리그로 강등되었다. 특히 유벤투스는 2부 리그 강등과 함께 2005~2006시즌 세리에A 우승 자격을 박탈당했고, AC 밀란은 유럽 축구연맹

(UEFA) 챔피언스리그 출전자격을 포기했다.

한국 프로축구에서는 1998년 당시 국가대표 감독이었던 차범근 감독이 승부조작과 관련된 발언을 한 바 있다.

1998 프랑스 월드컵 축구대표 감독이었던 차 감독은 본선에서 멕시코에 1대 3으로 패한 데 이어, 2차전에서 거스 히딩크 감독이 이끌던 네덜란드에 0대 5로 대패를 당한 후 월드컵 감독으로서는 이례적으로 중도에 경질되는 비운을 맛봐야 했다. 차 감독은 월드컵 대표 팀 감독에서 물러난 1998 프랑스 월드컵이 끝난 직후 국내 한 월간지와의 인터뷰에서 "프로축구 경기에서 선수들이 승부조작을 하고 있다."고 밝혔다가 대한축구협회로부터 한국축구의 명예를 훼손했다는 이유로 자격정지 5년의 중징계를 받았다.

당시 차 감독은 불법도박이나 승부조작을 염두에 두지는 않았지만 일부 팀들이 특정 팀을 밀어준다는 것을 우회적으로 표현한 것이었다. 그런데 차 감독의 말이 그로부터 13년이 지난 2011년 프로축구계를 강타해 불법도박, 승부조작 등으로 전북 현대 선수였던 정종관 선수가 자살을 하고 국가대표 출신 김동현 선수가 구속되는 등 엄청난 파문을 몰고 왔다.

승부조작에 관련된 선수들은 골키퍼는 다이빙을 하는 척하면서 골을 먹고, 수비수는 상대 선수의 페인팅에 일부러

속아주거나 심지어 페널티 에어리어 안에서 상대팀 선수에게 페널티 킥을 허용할 만한 심한 반칙을 한다. 그리고 양쪽 윙백들은 공격에 가담했다가 서서히 복귀를 해서 상대 공격수들에게 빈 공간을 허용한다.

일부 팀들도 소속 선수가 승부조작에 관련된 것을 알고도, 2군으로 내려 보냈다가, 수억 원을 받고 다른 팀으로 트레이드하는 파렴치한 짓을 저질렀다. 다른 팀으로 간 선수는 이미 승부조작을 하는 검은 세력에 발목이 잡혀 있기 때문에 그 팀에 가서도 승부조작을 계속해야만 했다.

정보에 어두워서 승부조작에 관련된 선수를 받아들였던 팀은 다시는 당하지 않기 위해 소위 말하는 블랙리스트를 만들어서 공유하기도 했다.

승부조작은 야구, 축구뿐만 아니라 모든 스포츠에서 발생할 가능성을 갖고 있다. 다만 선수들과 관련된 사람들의 양심이 문제다. 승부조작에 관련되면 자신뿐만 아니라 자신이 속한 팀과 나아가서는 해당 종목에까지 치명타를 먹일 수 있다는 것을 명심하고, 승부조작의 검은 유혹을 과감히 뿌리쳐야만 할 것이다.

환불 소동

프로스포츠는 철저한 서비스를 해야 한다. 많은 돈을 내고 경기를 관전하러 온 관중(팬)에게 최선을 다한 최상의 경기력으로 보답해야 한다. 승패는 그 다음 문제다. 프로스포츠에서 최선을 다하지 않은 경기 때문에 경기를 관전한 팬들에게 환불해 준 사례가 한둘이 아니다.

2009년 독일의 에네르기 코트부스 팀은 살케 04 팀과의 홈경기에서 0대 4로 완패를 당하자 홈 경기장을 찾은 팬들에게 입장료를 환불해 주었다. 한 골도 넣지 못하고 4골을 허용한 것은 그렇다 치고, 선수들이 최선을 다하지 않은 데 따른 보상을 해 준 것이다.

2009년 프리미어리그 위건 애슬레틱 팀은 원정경기에서 1대 9로 참패를 당했다. 그러자 선수들이 직접 자신들의 호주머니를 털어서 원정응원을 와준 팬들의 입장료를 물어 주었다. 약 4만 파운드 우리 돈으로 7,700만 원이나 되었다. 앞의 경우와는 약간 다르지만 국내 프로야구 삼성 라이온즈 팀도 2009년에 홈에서 상대팀에 10점 이상의 대패를 당한 2경기에 야구장을 찾은 홈팬들에게 다음 경기 무료입장권을 나눠주었다. 프로축구 제주 유나이티드 팀도 2011년 홈 리콜제를 실시하여, 패한 경기 입장권을 다음 경기에 들고 오면 무료입장시켜 주었다.

프로선수 보호장치

스포츠계에서 팀과 선수의 계약은 봉건시대의 주인과 노예의 계약과 그다지 다르지 않다. 선수는 계약 기간 동안에는 팀의 허락을 받지 않고는 다른 팀으로 갈 수가 없다. 팀과 선수와의 관계가 원만할 때는 크게 문제가 되지 않지만, 만약 팀에서 선수를 밉게 보거나 피해를 주고 싶을 때는 속수무책으로 당할 수밖에 없는 계약이다.

즉, 팀에서는 계약관계, 갑과 을의 지위를 악용해서 을과의 계약기간이 끝나기 하루 전에 '계약 해지'를 통보하거나, 대폭 깎인 연봉을 제시하면 선수 입장에서는 당할 수밖에 없었다. 그런데 유럽축구에서 벨기에의 장 마르크 보스만이라는 선수가 이 같은 관행을 깨트렸다. 1990년 벨기에 'RFC 리에주' 팀 소속이던 장 마르크 보스만 선수가 소속 팀에게 이적을 요구했지만, 소속 팀은 계약 기간이 끝나서 FA 신분이던 그를 놓아주지 않았다. 그때까지만 해도 사실상 FA의 개념이 명확하지 않았다. 결국, 보스만은 유럽 사법재

판소에서의 재판을 통해 승리, 결국 이적을 하게 되었다. 이후로 "FA자격을 취득한 선수는 구단의 의사와 관계없이 본인이 뛰고 싶은 팀을 정할 수가 있으며, 소속 팀과의 계약이 만료되기 6개월 전부터 6개월 뒤의 계약 건을 미리 체결할 수 있다."라는 '보스만 룰'을 제정하게 된 것이다.

메이저리그는 선수노조가 잘 되어 있어서 선수보호에 대한 장치가 가장 잘 되어 있다. 우선 FA(Free Agent) 자유계약제도가 1976년에 도입되었다.

매년 메이저리그 등록일수 172일을 6번(6년) 달성한 선수에게 다른 팀으로 갈 수 있는 자격을 부여하는 것을 말한다. 자유계약 자격을 얻은 선수는 천문학적인 연봉을 받으며 다른 팀으로 이적을 하는 경우가 많다. 그렇다고 팀만 손해 보게 할 수 없기 때문에 FA로 선수를 내 준 팀에게 보상을 해준다.

'엘리아스 스포츠뷰로'가 비공개 방식으로 최근 2년간 메이저리그 전체선수를 평가해서 상위 20%에게는 A, 차 상위 20%에게는 B, 그리고 나머지 60%에게는 C등급을 매긴다. 그리고 A 또는 B나 C급 선수를 내 준 팀은 상대 팀 성적에 따라 신인선수 1라운드 또는 2라운드 지명권 등을 받게 된다. 또한 메이저리그 풀타임 3시즌 이상을 소화하면 팀으로부터 일방적으로 연봉을 받는 예속관계에서 벗어나 팀과 연봉조정을 신청할 수 있는 자격을 취득하게 된다. 클리블랜드 인디언스 추신수 선수가 2010년까지 연봉 40여만 달러를 받다가 연봉조정 자격을 얻어서 2011년 시즌에 397만 5,000달러로 거의 10배가량 뛰었다.

메이저리그나 NBA에는 사치세라는 게 있다. 사치세는 1996년 노사협정으로 정해졌는데, 특정 구단의 연봉 합계가 노사협정에 따라 일정한 액수를 넘길 경우 초과된 액수에 세금을 매기는 것을 말한다.

예를 들어 노사협정에 따라 2012년 연봉합계를 2억 달러로 정했는데, 뉴욕 양키스 팀 선수들의 연봉합계가 2억 5,000만 달러일 경우 초과된 5,000만 달러에 대해 세금을 매기는 것을 말한다.

세금도 첫 번째 넘기면 22.5%, 두 번째 넘기면 30% 그리고 세 번째 넘기면 40%로 해마다 올라간다. 만약 뉴욕 양키스가 2012년 두 번째 넘겼을 경우, 30%의 세금을 내게 되어 5,000만 달러의 30% 즉 1,500만 달러를 사치세로 냈다. 사치세 가운데 250만 달러는 메이저리그 사무국이 보관하고, 250만 달러를 제외한 나머지의 75%는 선수복리 후생에 쓰고 나머지 25%는 푸에르토리코 도미니카 등 메이저리그에 선수를 보급하는 국가들의 야구발전을 위해 쓴다. 그리고 모든 스포츠에는 최소연봉제도가 있다. 메이저리그나 NBA

는 물론 우리나라도 1군의 최소연봉을 2,400만 원, 2군 선수
들에게도 일정액 이하로는 연봉을 책정할 수 없도록 하고
있다.

인저리 타임

초킹과 입스 그리고 스테브 블레스 증후군

너무 긴장을 하면 생각이나 행동이 얼어붙게 되는데, 이
를 초킹(Choking)상태에 빠진다고 한다.

선수들은 초킹 상태에 빠지면 제 기량을 발휘하지 못한다.
그래서 많은 선수들이 초킹의 덫에 걸려 국내에서는 잘하
다가도 국제대회에 나가면 부진하고, 마이너리그에서는 잘
치고 잘 던지다가도 메이저리그에 올라가면 자기실력을
다 발휘하지 못하고 다시 마이너리그로 떨어지곤 한다.

대표적인 선수가 김연아의 영원한 라이벌이었던 일본의
아사다 마오였다. 아사다 마오는 세계선수권대회, 그랑프
리 대회에서는 김연아를 이긴 경우가 많았지만 가장 중요
한 올림픽에서는 자신의 실력을 다 발휘하지 못해서 두 번
(2010 밴쿠버, 2014 소치) 모두 김연아에게 완패를 당했다.

입스(Yips)라는 병 때문에 고통 받고 있는 골퍼가 의외로
많이 있다. 입스에 한 번 걸리면 몇 달에서 몇 년까지 가
는 게 보통이다.

2015년 초 미국의 타이거 우즈가 입스 병에 걸려 부진을
면치 못했었다.

실렁실렁 스포츠

입스는 1m 전후의 결정적인 숏 퍼트를 정신적인 불안과 두려움 때문에 자주 실패하는 것을 말한다. 평소에는 플레이를 아주 잘하다가도 결정적인 순간에서는 통한의 미스 샷을 범하는 것을 말한다

스테브 블레스 증후군도 스포츠 장애의 일종이다.

메이저리그 정상급 투수였던 피츠버그 파이어리츠 에이스 스테브 블레스가 1968년부터 1972년까지 5년간 거둔 승수는 모두 78승이었다. 특히 1972년에는 19승을 거두며 그해 올스타에 선정되는 등 투수 인생 최고의 정점에 오르게 되는데 이때부터 블레스는 더 잘해야 한다는 부담감을 느끼기 시작한다.

그러나 블레스는 1973년 새로운 시즌에 들어서자 완전히 다른 투수로 변신해 있었다.

블레스가 던진 공은 타자가 칠 수 있는 그런 공이 아니었다. 그렇다고 블레스가 지난 겨울동안 지옥 훈련을 통해 새로운 마구 수준의 변화구를 개발한 건 더욱 아니다. 자기 팀의 포수도 그의 공을 잡을 수 없었기 때문이다.

블레스는 말도 안 되는 폭투와 사구, 볼넷을 남발하기 시작한 것이다.

이후 사람들은 정상급 선발투수가 아무런 이유 없이 제구력을 잃어버리고 다시는 회복하지 못하는 이상한 현상을 '스티브 블레스 증후군'이라고 부르고 있다.

메이저리그 로컬 룰

세계 프로야구에서 가장 수준이 높은 메이저리그에는 세계의 내로라하는 선수들이 모여 있다. 우리나라는 류현진 투수(LA 다저스)와 추신수 타자(텍사스 레인저스)가 소속팀의 주전 선수로 맹활약을 하고 있다. 그런데 메이저리그만의 특별한 룰이 있는데, 그 룰을 알고 메이저리그를 보면 더욱 재미있게 볼 수가 있다. 메이저리그만의 독특한 로컬룰은 어떤 것들이 있는지 알아보았다.

옵트 아웃(Opt-out)

선수와 구단 간 동의가 있는 경우 기존의 계약을 파기할 수 있는 권한을 말한다.

지난 2012년 12월 한국프로야구 최초로 메이저리그에 직행한 류현진 선수가 LA 다저스와 계약기간 6년, 연봉 총액 3,600만 달러 계약을 맺었다. 계약기간 6년 중 기본 계약기간은 5년이며, 1년은 옵트 아웃이다. 이에 따라 류현진은 5년 뒤인 2017년 본인의 의사에 따라 남은 1년 간의 연봉을

설렁설렁 스포츠

포기하고 FA시장에 나올 수 있다.

룰 5 드래프(Rule 5 draft)

1950년에 생긴 룰 5 드래프트 제도는 '미국 야구 규약의 5번째 규정'이라는 뜻이다.

메이저 리그 '룰 5 드래프트'는 한 팀에서 많은 마이너리그 유망주를 보유하고 있는 것을 방지하겠다는 의도로 마이너리그에서 3년 이상 뛴 선수 중에서 40명 로스터에 포함되지 않은 선수는 모두 이 드래프트의 대상이 되는데 선수를 지명하게 되면 원소속 구단에 5만 달러를 지불해야 하며 다음 시즌에 반드시 그 선수를 메이저리그 25명 로스터에 포함시켜야 하고 마이너리그로 보낼 수 없다.

'룰 5 드래프트'로 데려온 선수는 경기 출장여부와 관계없이 90일 이상 로스터에 올려야 하고 오랜 시간 부상자 명단에 올릴 수도 없다. 만약, 그 선수를 메이저리그 로스터에 둘 수 없다면 웨이버 공시를 통해 원소속 구단으로 돌려보낼 수 있는데, 선수를 데려올 때 지불했던 5만 달러의 50%인 2만 5천 달러만을 돌려받게 된다.

그동안 '룰 5 드래프트'로 이적해서 성공을 한 선수로는 1954년 브루클린 다저스 소속의 '로베르토 클레멘테가 피츠버그 파이어리츠에 지명되어 타격왕을 4번이나 차지했다.

그리고 1980년 필라델피아 필리스 소속의 조지 벨은 토론토 블루제이스에서 데려가 1987년 0.308의 타율과 47홈런 134타점으로 아메리칸리그 MVP를 수상했고, 1983년 클리블랜드 소속이던 켈리 그루버를 역시 토론토 블루제이스가 데려가 1990년 올스타와 골든글러브 수상자로 만들었다.

역대 최고의 룰 5 드래프트 성공작으로는 1999년 플로리다 말린스가 휴스턴 에스트로스의 마이너리거 요한 산타나를 지명해 바로 미네소타 트윈스로 트레이드 시켰고 요한 산타나는 사이영상(2004, 2006년)을 수상하는 최고의 투수로 성장했다.

아마추어 드래프트

메이저리그의 본격적인 드래프트는 1965년에 도입되었다. 매년 6월 전년도의 역순으로 드래프트를 하는데, 한 구단이 50명까지 뽑을 수 있다. 아마추어 선수가 메이저리그에 지명을 받는 선수는 30개 구단에서 50명씩 모두 1,500명이다. 초창기에는 대학, 고교 졸업생이 비슷한 비율로 드래프트 되었지만 최근에는 대학생 비중이 압도적으로 많다.

지명된 선수가 반드시 그 구단과 계약을 체결해야만 하는 것은 아니다. 고졸 또는 대졸 선수가 자신을 지명한 팀과 계약을 맺지 않을 경우, 또는 구단이 자신이 지명한 선

설렁설렁 스포츠

수와 계약을 하지 않을 경우에 대비해서 메이저리그 사무국에서는 여러 가지 장치를 마련해 놓고 있다.

자유계약 선수

메이저리그 한 팀에서 일정한 조건을 갖추고 6년을 뛴 선수는 자유계약(Free agent)을 선언, 다른 팀으로 이적을 할 수가 있다. 한국은 메이저리그보다 3년이 더 많은 9년(대학 졸업생은 8년)이다. 또한 한 팀에서 3년을 뛴 선수는 연봉조정 신청을 할 수가 있다. 연봉조정 신청은 구단에서도 할 수가 있다. 연봉을 조정하려면 1월 5일부터 15일 사이에 신청을 해야 한다. 연봉조정은 조정관 자격이 있는 사람들만 할 수 있는데, 구단이 지명하는 사람 1명, 선수 노조가 지명하는 사람 1명 그리고 중립적인 사람 1명으로 구성된다. 이렇게 구성된 조정위원회는 선수와 구단 양쪽에서 희망하는 연봉의 액수와 그 사유를 서면으로 1월 18일까지 제출한다. 조정위원회는 2월 1일부터 양쪽을 모두 출두시킨 가운데 심사를 해서 구단이 제시한 액수와 선수가 제시한 액수 가운데 하나를 선택해서 판정을 내린다. 선수가 연봉조정위원회의 결정을 거부하면 임의탈퇴 선수가 되고, 구단이 거부하면 선수를 자유계약 선수가 되어 자기 마음대로 다른 구단과 계약을 할 수가 있다. 메이저리그 연봉조정 승률은 47대 53으로 구단이 약간 앞선다.

더블 스위치

투수도 타석에 들어서는 메이저리그 내셔널리그에서 주로 이용된다. 이를테면 지명타자를 사용하지 않는 내셔널리그에서 투수 타석에 대타를 사용한 뒤 이닝이 종료되면 원래는 투수자리에 들어간 대타가 투수포지션에 올라가 투수를 해야 하므로 대타를 1타석만 쓰고 구원투수로 교체해야 한다. 그런데 만약 그 대타를 더 쓰고 싶다면 대타가 수행할 수 있는 포지션의 야수 한 명을 교체 아웃시킨 뒤, 그 자리에 투수를 집어넣고 두 선수의 포지션을 바꾸면 된다.

포스트 시즌 경기방식

메이저리그는 30개 팀은 내셔널리그 15팀과 아메리칸리그 15개 팀으로 나뉜다. 내셔널리그는 동, 중, 서부지구로 나뉘는데 각 지구는 5팀씩이다. 아메리칸리그도 마찬가지 방식으로 이루어진다. 메이저리그는 팀마다 162게임을 치러서 각 지구 1위 팀 3팀씩이 우선 포스트 시즌에 진출한다. 그리고 각 지구 2위 팀 가운데 승률이 좋은 2팀이 단판 승부로 와일드카드 결정전(2팀 가운데 승률이 좋은 팀 홈구장)을 가져 와일드카드를 얻게 된다. 그래서 지구 1위 팀 가운데 가장승률이 좋은 팀과 와일드카드를 얻은 팀 그리고 지구

승률 2, 3위 팀이 5전 3선승제의 디비전시리즈를 가져 이긴 팀끼리 7전 4선승제의 (내셔널, 아메리칸)리그 챔피언결정전을 치러 월드시리즈 진출 팀을 가리게 된다.

인저리 타임

메이저리그 머니

메이저리그는 자본주의 극치라고 표현하기도 한다. 메이저리그는 모든 것이 달러 즉 돈으로 통하기 때문이다.

계약금, 연봉, 연봉보전, 사치세, 이적료, 벌금, 입장료, 중계권료, 마케팅, 로열티 등등 메이저리그에 관한 모든 것은 달러와 연결되어 있다.

선수들 연봉은 정규시즌에 맞춰 4월부터 9월까지 6개월 간 지급된다.

선수들은 급여를 매달 15일에 한 차례, 30일이나 31일에 또 한 차례 받게 된다. 그러니까 시즌 동안에만 모두 12번의 페이첵(급여 수표) 혹은 계좌 이체를 통해 연봉을 받게 된다.

선수들은 연봉과는 별도로 일당도 받는데, 이를 '밀 머니(meal money, 식대)'라고 한다.

밀 머니는 하루에 약 95달러 (한화 약 105,000원) 정도다.

메이저리그 선수연금은 2015년 기준으로 대략 16억5천만 달러의 운용 자산을 가지고 있다.

연금 제도내에서의 최대 혜택은 메이저리그 서비스 타임의 10년을 상한으로 한다. 박찬호 선수가 메이저리그에서 1994년부터 2010년까지 17년간을 뛰었지만 연금액수는 10년을 뛴 선수와 똑같다.

　그러니까 1973년생인 박찬호의 경우 45살이 되는 2017년부터 매년 65,000 달러(한화 약 7천200만 원)를 받게 된다.

　연금은 선수가 사망할 때까지 계속 지급된다. 만일 선수가 사망하고 선수의 배우자가 생존해있다면, 같은 액수를 배우자가 사망할 때까지 받는다.

골대 해트트릭

야구의 만루 홈런과 축구의 해트트릭은 소속팀을 승리로 이끄는 방정식이다. 점수가 많이 나는 야구에서 만루 홈런을 친 팀이 패한 경우는 종종 있지만, 축구에서 해트트릭을 기록하고도 패한 팀은 좀처럼 나오지 않는다. 이것은 야구의 만루 홈런보다 축구의 해트트릭이 좀 더 정확한 '승리방정식'이라는 얘기다.

축구 선수에게 꿈의 무대인 월드컵 본선에서 모두 46번의 해트트릭이 나왔다. 1930 우루과이 월드컵부터 2002 한일 월드컵까지 매 대회 한 번 이상씩 꼬박꼬박 해트트릭이 나왔지만, 2006 독일 월드컵에서 그 맥이 끊겼다. 그러나 2010 남아프리카공화국 월드컵에서 다시 해트트릭이 나왔는데 그 희생국이 한국이었다. 2010년 6월 17일 아르헨티나의 곤살로 이과인 선수는 한국과의 조별 경기에서 전반 33분에 팀의 두 번째 골을 넣었다. 이후 후반 31분과 35분에 잇따라 골을 터트려 해트트릭을 완성하면서 아르헨티나가 한국을 4대 1로 대파하는 결정적인 역할을 했다.

한국축구는 그 전 월드컵에서도 해트트릭을 허용한 적이 많았다. 처음 월드컵 본선에 오른 1954년 6월 17일 스위스 월드컵 헝가리와 2조 첫 경기에서 0대 9로 참패를 당할 때, 헝가리의 콕시스(전반 24분, 36분 그리고 후반 5분)에게 해트트릭을 허용했다. 우연의 일치인지 2010 남아공 월드컵에서 아르헨티나의 이과인 선수에게 해트트릭을 당할 때도 6월 17일이었고, 56년 전 헝가리의 콕시스 선수에게 해트트릭을 얻어맞을 때도 역시 6월 17일이었다. 한국은 헝가리의 콕시스에게 해트트릭을 당한지 3일만인 6월 20일 터키와의 경기에서도 터키의 브르한(전반 37분, 후반 19분과 25분)에게도 해트트릭을 허용했다.

한국은 1986 멕시코 월드컵에서는 이탈리아와 A조 마지막 경기에서 알토벨리(전반 17분, 후반 28분, 36분)에게 해트트릭을 당해 최순호·허정무가 각각 1골을 넣고도 펠레스코어 2대 3으로 패했었다. 한국은 1990 이탈리아 월드컵에서도 스페인에 해트트릭을 허용했다. 그런데 그 날 또한 날짜가 6월 17일이었다. 이로써 한국은 월드컵 본선에서 모두 5번의 해트트릭을 얻어맞았다. 역대 월드컵 본선에서 모두 47번의 해트트릭이 작성되었는데, 그 중 한국은 5번이나 희생국이었다. 한국의 월드컵 본선에서 해트트릭 희생 점유율

설렁설렁 스포츠

이 무려 11%나 된다. 그러나 한국이 월드컵 본선에서 해트트릭을 달성한 적은 한 번도 없었다.

한국은 월드컵 본선에서 한 경기에 3골을 넣은 적이 단한 번도 없었기 때문에 해트트릭을 기록할 기회가 없었다.

만약 한국선수 중 월드컵 본선 한 경기에서 3골을 터트릴 선수가 나온다면 차범근·박지성을 능가하는 역대 최고의 선수로 기록되지 않을까?

이동국은 세계축구사에 기이한 해트트릭을 달성한 선수로 기록되어 있다. 이동국은 2011년 10월 3일 벌어진 상주상무와의 프로축구 27라운드 경기에서 세계축구사에 그 유례를 찾기 힘든 골대 해트트릭을 기록했다. 이동국은 전반 36분 처음으로 골대를 맞췄다. 상무 골키퍼 권순태가 골문을 비운 상황에서 때린 슈팅이 크로스바를 맞고 나왔다. 그는 후반 12분과 18분에도 골대를 때렸다.

재미있는 사실은 공이 크로스바와 양쪽 골포스트를 한번씩 때렸다는 사실이다. 이동국의 골대 징크스는 거기에 그쳤다. 이동국은 전반 27분과 후반 43분에 골을 터트렸고, 전반 45분에는 이승현의 골을 도우면서 팀의 5대 1 대승을 이끌었다. 이동국은 이승현의 골을 도움으로서, 도움 15개를 기록, 프로축구 한 시즌 최다 도움 신기록을 세우면서 '골대 해트트릭'의 아쉬움을 달랬다.

≪스포츠 일러스트레이티드≫ 표지의 저주

메이저리그에는 '밤비노의 저주', '염소의 저주' 등이 팬들의 관심을 모으고 있다. 밤비노의 저주란 보스턴 레드삭스를 1901년 창단해 1903년 월드시리즈에서 처음 우승한 이후 1918년까지 5회에 걸쳐 우승함으로써 메이저리그의 명문 구단으로 확고한 위치를 굳혔다. 그런데 팀의 주축 선수인 베이브 루드(밤비노)를 뉴욕 양키스에 12만 5천 달러를 받고 트레이드한 이후 한 번도 우승을 하지 못해서 생긴 말이다. 그러나 보스턴 레드삭스가 지난 2004년 세인트루이스 카디널스를 물리치고 월드시리즈에서 우승을 차지함으로써 86년 만에 밤비노의 저주에서 벗어났다. 그러나 염소의 저주는 아직 계속되고 있다. 시카고 컵스는 1945년 디트로이트 타이거스와의 월드시리즈 4차전에서 빌리 사이어니스(Billy Sianis)가 그의 염소와 함께 구장에 입장하려다가 리글리 구단주의 저지로 무산되자, '컵스는 다시는 월드시리즈에서 우승하지 못할 것'이라고 저주를 했다.

설렁설렁 스포츠

이후 컵스는 월드시리즈 우승은 고사하고 월드시리즈 무대 자체에 나서보지도 못했으며, 현재 메이저리그 30개 구단 중 가장 우승에 한이 맺힌 팀으로 남아있다. 시카고 컵스는 1908년 이후로 100년 넘도록 월드시리즈를 우승하지 못하고 있다.

국내 프로야구에는 김성근의 저주가 있다. 김성근 감독은 지난 2002년 최하위로 떨어져 있던 LG 트윈스를 맡아 한국시리즈 준우승까지 끌어올렸다. 그러나 LG는 김성근 감독을 해고했고, 이후 LG는 11년이 지난 2013년에야 플레이오프에 진출했다.

한국에서 열린 2011 대구세계육상선수권대회는 한 때 표지모델 저주라는 게 있었다. 대구세계육상선수권대회 조직위원회에서 발행하는 공식책자 '데일리 프로그램'에는 그날 가장 금메달이 유력한 선수를 표지모델로 내세우게 마련인데, 표지모델로 나오는 선수마다 금메달 획득에 실패하는 것이었다. 대구대회 최고의 스타인 자메이카의 우사인 볼트가 8월 28일에 열린 남자 100m 결승전에서 뜻하지 않은 부정 출발로 실격 처리되고 말았다. 우사인 볼트가 실격될 때만 해도 그러려니 했다. 그런데 3일째 표지의 주인공인 쿠바의 다이론 로블레스가 남자 110m 허들에서 라이벌 중국의 류샹을 제치고 가장 먼저 결승지점을 통과했다. 하지만, 비디오 판독 결과 류샹을 건드리는 모습이 포착되었고, 결국 금메달을 박탈당하면서 저주라는 말이 나오기 시작했다. 이후 러시아의 '미녀새' 옐레나 이신바예바도 저주의 희생양이 되었다.

10월 2일에는 아예 2명의 선수를 표지모델로 내세웠다. 미국의 단거리 간판인 카멜리타 지터와 앨리슨 펠릭스가 나란히 표지에 등장했다. 저주를 피하기 위해 두 명을 표지모델로 내세웠으나 두 선수 모두 여자 200m에서 금메달을 획득하지 못했다.

그런데 표지모델의 저주를 피한 2명의 여자 선수가 있었다. 바로 여자경보 20㎞ 우승자인 러시아의 올가 카니스키나가 처음으로 이 저주를 극복하고 우승을 차지했다. 이어서 10월 3일 모델인 호주의 샐리 피어슨도 여자 100m 허들에서 금메달을 획득했다. 피어슨은 결승전에서 대회 신기록(12초 28)까지 세우며 자신이 표지 모델로 등장한 데일리 프로그램을 직접 들고 세러모니를 펼쳤다.

미국의 격주간지 잡지 ≪스포츠 일러스트레이티드≫는 세계스포츠지 가운데 가장 권위가 있는 잡지이다. 그런데 한때 이 잡지도 표지모델 저주가 있었다. 1954년 8월에 창간된 ≪스포츠 일러스트레이티드≫ 1호 표지모델인 에디 매튜스가 첫 희생자가 되었다. 미국 프로야구 밀워키 브레이브스(현재 애틀랜타 브레이브스)의 3루수였던 매튜스는 잡지가 발행된 뒤 경기 도중 손을 크게 다쳐 더 이상 경기를 하지 못하고, 소속 팀도 매튜스가 부상을 당하던 날 경기에 져서 9연승에 그치고 말았다.

1955년 1월 31일자 표지모델이었던 스키 선수 질 킨먼트는 잡지가 발행된 그 주에 충돌 사고를 당해 후유증으로 하반신이 마비되었으며, 미국의 자동차경주인 인디 500에서 우승을 차지한 밥 슈위커트는 1956년 5월 28일자 표지 인물이었다. 그러나 그는 3주 뒤 자동차 충돌사고로 사망했다. 2년 뒤 1958년 5월 26일 자 커버에 등장한 자동차 경주선수 팻 오코너도 잡지가 발행된 다음 열린 인디 500 결승에서 두 번째 바퀴를 돌다가 충돌사고로 사망했다. 1961년 2월 13일자 특집으로 미국 여자피겨대표팀을 다뤘다. 당시 대표팀에서 기대주로 꼽힌 16세의 로렌스 오웬이 커버로 나왔다. 대표팀은 당시 체코슬로바키아에서 열릴 예정이던 세계선수권대회 참가를 위해 비행기를 탔다가 탑승한 비행기가 벨기에 브뤼셀 근처에 추락하여 오웬을 포함해 나머지 팀원 모두가 사망했다.

법인카드

　법인카드의 사전적 의미는 기구와 비품, 사무기기, 소모품 등 물품 구매대금이나 접대비 및 복리후생비, 보험과 차량 관련 비용, 기타 교육비·광고비 등에 사용할 수 있게 되어 있다.

　법인공용카드와 법인개별카드의 두 종류가 있는데 특히 공용카드는 법인의 신용으로 발급되며, 카드에 법인의 이름만 새겨진다. 법인의 임직원이 사용하는 카드로, 법인계좌로만 출금되고 대금결제 및 책임은 법인이 일괄적으로 진다. 그러니까 회사에 소속된 또는 회사로부터 인정을 받은 개인이 법인카드를 용도에 맞게 마음대로 사용하면 나중에 회사가 돈을 내주는 제도를 말한다. 그런데 법인카드 때문에 팀에서 경질되는 감독들이 늘어나고 있다.

　우리나라에 감독은 프로야구·프로축구·프로농구·프로배구 등 구기 종목만 줄잡아 50명 가까이 된다. 그리고 실업 대학 등 아마추어와 개인 종목까지 포함하면 수천 명이다.

설렁설렁 스포츠

그런데 비교적 재정이 풍부한 프로스포츠 팀 감독들의 법인카드 사용이 문제가 되고 있는 것이다.

법인카드는 구단에서 코칭스태프진에게 일괄적으로 주어지는데, 코치의 경우 일정한 한도액이 정해져 있어서 큰 문제가 일어나지 않지만, 감독은 수천 또는 수억 원까지 사실상 무제한으로 사용할 수 있어서 문제가 발생하는 경우가 많다. 법인카드의 성격상 카드를 어디서 어떤 용도로 사용하고 있는지 구단 측에서 알 수 있기 때문이다.

A 감독의 경우 1년에 무려 1억 2천만 원을 사용해서 문제가 되었다.

물론 야구를 위해서 선후배 야구인과 기자를 비롯한 언론인 등을 만나서 법인카드를 사용했다면 구단에서도 이해하고 넘어갈 수도 있는 일이다. 그러나 호텔, 술 그리고 설명할 수 없는 내용 등으로 썼다면 구단에서 일단 의문을 가지게 된다. 그것도 일시적이 아니라 지속적으로 그런 일이 반복된다면 문제가 될 수도 있다. 그렇다고 성적이라도 좋으면 성적에 대한 '비용'이라고 치고 넘어갈 수도 있지만, 팀 성적이 좋지 않으면 빌미가 될 수도 있다. 또 법인카드로 명품을 사거나, 보통사람이 사기 힘든 비싼 물건을 한두 개가 아니라 여러 개를 지속적으로 구입해도 구단 측에서는 체크를 하지 않을 수가 없다. 또한 본인이 아니라 부인 또는 제3의 인물이 반복해서 사용을 하면 문제가 생길 수도 있다. 감독 본인에게는 카드 사용 내역에 대해 직접적으로 묻지 않지만, 프런트에서 감독을 경질하기 위해서 회의를 할 때 문제를 제기하는 경우가 종종 있다.

인저리 타임

즐기거나 혹은 긴장하거나

한국의 박태환과 미국의 재닛 에번스는 각각 한국과 미국을 대표하는 수영선수로 올림픽 데뷔전을 극과 극으로 치렀다. 박태환은 중학교 3학년이던 2004년 아테네올림픽 남자 수영 자유형 400m에서 처음 올림픽 무대에 나섰다가 너무 긴장한 나머지 출발 버저가 울리기도 전에 풀에 뛰어들어 실격을 당했다. 그러나 미국의 재닛 에번스는 올림픽 첫 무대인 1988 서울 올림픽 여자 수영 자유형 400m 4분 03초 85의 세계신기록(종전 4분 05초 45)을 세우며 당당히 금메달을 땄다. 재닛 에번스는 후에 "나는 올림픽에 처음 참가해서 출발 대 위에 섰을 때 재미가 있었기 때문에 미소를 지었다. 재미를 느끼는 것, 바로 그것이 중요하다."고 말했다. 그러나 박태환은 "올림픽 첫 무대라 너무 긴장이 돼서 내가 뭘를 했는지 모르겠다."고 술회했다.

재닛 에번스는 1988 서울 올림픽 400m 뿐만 아니라 800m에서도 금메달을 획득, 2관왕이 되었고, 1992 바르셀로나

설렁설렁 스포츠

올림픽에서도 역시 똑같은 종목을 석권해 올림픽 금메달 4개를 거머쥐었다. 박태환 또한 2008 베이징 올림픽 남자수영 자유형 400m에서 개최국의 장린 등을 물리치고 금메달을 획득했다.

재닛 에번스는 키 1m 60cm 정도의 작은 키지만 파워 넘치는 영법으로 전설적인 여자수영선수로 남아있고, 박태환도 1m 83cm 키로 다른 선수보다 10cm 정도 작지만 천부적인 심폐기능과 엄청난 훈련으로 세계적인 선수가 되었다.

프로선수와 세금

지난 2008년 박주영 선수가 프랑스 프로축구 AS 모나코 팀에서 활약을 하면서 연봉을 90만 유로(약 13억 4,000만 원)를 받았으나, 320만 파운드(약 57억 원)를 받는 박지성(당시 맨체스터 유나이티드)에 비해 결코 적은 게 아니라는 소문이 나돌았다. 박주영 선수가 활약하고 있는 모나코에는 세금이 없기 때문이다. 만약 박주영이 다른 프랑스 팀에서 뛰었다면 세금 40%와 함께 부유세도 내야 하기 때문에 연봉이 절반으로 줄었을 것이다. 그러나 박주영은 세금을 한 푼도 내지 않기 때문에 자신의 연봉 13억 4,000만 원을 모두 수령할 수 있었다. 그러나 박지성은 연봉 15만 파운드 이상의 고소득자에게 부과하는 50%의 소득세율이 적용되기 때문에 실수령액은 연봉의 절반인 160만 파운드, 즉 28억 7,000만 원 정도밖에 수령할 수가 없었다.

지금은 은퇴한 이영표 선수도 독일 분데스리그(보루시아 도르트문트)에서 뛸 때, 수령액의 45%의 세금을 냈지만, 사우

설렁설렁 스포츠

디아라비아(알 힐랄) 소속일 때는 세금을 한 푼도 내지 않고 18억 원의 연봉을 모두 수령했었다.

2014년 시즌부터 일본 프로야구 한신 타이거즈 팀에서 뛰고 있는 오승환 선수는 계약금 2억 엔에 연봉 3억 엔(인센티브 5,000만 엔)을 받는다. 그러나 실수령액은 인센티브 조건을 채웠을 경우, 연봉 3억 5,000만 엔의 80%인 2억 8,000만 엔이다. 일본은 연봉 1억 엔 이상 고소득자에게 53%의 세금을 부과한다. 그러나 외국인의 경우 2년 동안은 20%, 3년째부터는 25%만 세금을 내면 된다.

그렇다면 메이저리거 류현진, 추신수는 세금을 얼마나 낼까? 메이저리거들은 세금을 두 번 낸다. 미국은 개인소득이 연간 40만 달러를 넘으면 39.6%의 연방정부세를 부과한다. 여기에 주 별로 주세를 내야 한다. 류현진이 속해 있는 캘리포니아주는 주세가 13.3%다. 따라서 류현진은 첫해 연봉 250만 달러(약 27억 원)에 세금(국세 39.6% + 주세 13.3%=52.9%)과 약 5%의 에이전트료, 매니지먼트 비용 2% 등을 제외하고 대략 120만 달러 정도를 수령했을 것으로 추정된다.

추신수는 2014년부터 텍사스 레인저스와 7년간 1억 3,000만 달러를 받는다. 그런데 텍사스는 플로리다 등 9개 주와 함께 주세가 없다. 따라서 추신수는 2014년부터 7년 동안 연방정부세 39.6%와 에이전트료 5%, 그리고 매니지먼트 비용 2%를 포함해 모두 약 47%를 제외한 약 7,000만 달러를 나눠서 받게 된다. 구체적으로 알아보면 세금을 떼기 전, 2014년과 2015년은 1,400만 달러씩, 2016년과 2017년은 2,100만 달러씩, 그리고 마지막 3년인 2018년부터 2020년까지는 2,000만 달러를 받는다.

추신수나 류현진처럼 소속 팀이 있는 경우 그 주의 세율에 따라 수령액이 차이가 나지만, 프로골퍼처럼 특정지역(구단)에 속할 필요가 없는 미국 남자프로골프(PGA)나 미국 여자프로골프(LPGA) 선수들은 주로 텍사스나 플로리다, 워싱턴 주에 많이 산다. 그 이유는 미국의 50개 주 가운데 텍사스 주와 플로리다, 워싱턴 주 등 9개 주는 주세를 받지 않고 국세(39.6%)만 내기 때문이다. 반면 캘리포니아 주는 13.3%의 주세로 세금이 가장 많고, 뉴욕 주는 8.8%의 세금을 낸다. 따라서 프로골퍼 최경주와 양용은도 텍사스 주에 살고 있다.

그렇다면 한국 프로선수들은 어떤가? 한국의 프로선수들은 모두 사업소득자로 분류되어 총수입에서 3.3%를 원천징수 당한 뒤 필요경비(자동차 구입·야구·축구·농구·배구 등의 장비 구입)와 소득공제 분을 뺀 과세표준액을 기준으로 세금을 낸다. 예를 들면 4,600만~8,800만 원은 25%, 8,800만~3억 원은 35%, 3억 원을 초과하는 경우 38%의 세율이 적용된다.

설렁설렁 스포츠

이를 국내 프로스포츠 최고 연봉자인 한화 이글스 김태균 선수에 적용하면, 15억 원의 연봉에서 3.3%를 원천징수 당한 뒤 필요경비와 소득공제 분을 빼고 과세표준을 기준으로 세금을 내게 되는데, 대략 5억 원 가까운 세금을 내서 실수령액은 대략 10억 원 정도의 계산이 나온다.

■ **저자 기영노**

스포츠 평론가
한국 핸드볼발전재단 이사
방송작가

〈저서〉
『재미있는 스포츠 이야기』
『올림픽의 어제와 오늘』
『농담하는 프로야구』
『대통령과 스포츠』
『미스터리 스포츠』등.

설렁설렁 스포츠

▶
초판발행 │ 2014년 1월 25일
4쇄 발행 │ 2018년 1월 15일
지 은 이 │ 기 영 노
펴 낸 이 │ 권 호 순
펴 낸 곳 │ 시간의물레
등   록 │ 2002년 12월 9일
등록번호 │ 제1-3148호
주   소 │ 서울특별시 마포구 마포대로 4다길 3
전   화 │ (02)3273-3867
팩   스 │ (02)3273-3868
전자우편 │ timeofr@naver.com

▶ISBN 978-89-6511-081-1 (03690)
▶정가 13,000원